Relaciones con valor

Contra la indecisión en las relaciones

Elisabeth Lindner / Kurt Wawra

Relaciones con valor

© 2025
Elisabeth Lindner
Kurt Wawra
www.beziehungscoaching.at

Traducción y correcturas: Ana Tipa, Berlin

Diseño Portada:
Ivonne Barrera Villanueva, Viena y Santiago de Chile
www.ivonnebarrera.cl

ISBN: 978-84-13739-99-1
Editorial: BoD · Books on Demand,
Calle de Manzanares 4,
28005 Madrid,
bod@bod.com.es

Impresión: Libri Plureos GmbH
Friedensallee 273
22763 Hamburg, Alemania

Primera edition: Editorial Club Universitario, 2019
ISBN: 978-84-17577-69-8

Índice

Prefacio

Dos grandes temas dominan la vida contemporánea: el trabajo y las relaciones de pareja. Sin embargo, mientras nos preparamos para la vida laboral en la escuela, durante los estudios y en los cursos de orientación profesional, no existe ningún tipo de educación que nos prepare para las cuestiones amorosas: se da por supuesto que todos estamos capacitados para tener una relación. Si bien es posible que algunos posean un talento natural o mayores capacidades para hacerlo, para muchos otros nada es más difícil y confuso que la vida en pareja.

En nuestra calidad de terapeutas de pareja, nuestro principal objetivo es subrayar la importancia de la prevención, pues las parejas que se preparan para enfrentar posibles dificultades cuando las cosas van bien tienen posibilidades probadamente mayores de superar situaciones difíciles, pudiendo incluso estabilizar y profundizar la relación gracias a estas, mientras que aquellas parejas que han descuidado la reflexión sobre su vínculo frecuentemente se encuentran de pronto ante los escombros de su relación.

En nuestra consulta constatamos, desafortunadamente, que por lo general las parejas comienzan a preocuparse por su relación muy tarde —a menudo incluso demasiado tarde.

Haciendo un nuevo paralelismo con la vida laboral: encontrar un puesto de trabajo es solo el primer paso. Conservarlo o hacer carrera requiere esfuerzos constantes y también diversas aptitudes. Si destináramos a nuestra vida amorosa solo una fracción de la energía que dedicamos a la vida laboral, estaríamos mejor preparados para la vida en pareja.

Para algunos, la idea de someter algo tan romántico como el amor a un análisis similar al que aplicamos a una carrera puede resultar escalofriante. No obstante, podemos asegurar que un poco de sentido común no hace ningún daño a los sentimientos amorosos.

Puesto que existen muchos malentendidos acerca de la vida en pareja, recorreremos a lo largo de este libro todas las fases del amor: desde el enamoramiento, pasando por la elección de la pareja, la consolidación del vínculo y el desarrollo de la relación —con todos sus conflictos— hasta el final de una relación amorosa. Cada fase tiene sus propias características y peculiaridades, y también requiere un aprendizaje propio.

No daremos consejos acerca de cómo encontrar la pareja «adecuada» ni sobre cómo ha de vivirse «correctamente» una relación. Más bien nos proponemos animar a nuestros lectores a adoptar siempre una postura de lealtad hacia sí mismos. Nuestro libro debe incitar a la reflexión, tanto a los individuos como a las parejas. Sobre todo para estas últimas, debe ofrecer la posibilidad de autoasesorarse.

Nos proponemos alentarlos a encontrar su propia forma de relación, en la que el amor prospere en las mejores condiciones, pues el amor requiere determinadas condiciones para prosperar. Deseamos fortalecer la capacidad del lector de hacer que su relación de pareja se mantenga dentro de una espiral positiva y no dé lugar a que circunstancias externas o caprichos destruyan el afecto.

Hemos emprendido la escritura de este libro porque nos interesan las relaciones de pareja y porque buscamos una respuesta al interrogante acerca de por qué algunas relaciones consiguen salir adelante mientras que otras fracasan, y de por qué personas inteligentes frecuentemente se comportan de forma poco inteligente en el ámbito emocional. ¿Acaso el sentimiento y la razón se excluyen mutuamente? ¿No existe también una «razón del corazón»?

En este libro nos limitamos a explorar la relación de pareja, dejando de lado el tema de las relaciones familiares, más complejo. No obstante, nos dirigimos también a las parejas que han formado una familia o que desean formarla, pues estamos convencidos de que una relación estable y vivida a conciencia es una garantía también para el funcionamiento de una familia, ya que esto puede ser muy útil para superar los más diversos problemas y eventualidades.

Nuestra orientación terapéutica se enmarca en el análisis existencial y la logoterapia, una escuela psicoterapéutica fundada por el psiquiatra, neurólogo y psicólogo vienés Viktor Frankl (1905-1997). El análisis existencial y la logoterapia tienen como fin crear conciencia sobre la libertad y las responsabilidades, así como sobre la percepción del sentido y de los valores. Concretamente, esto significa que cada situación presenta numerosas posibilidades de entre las cuales puede elegirse, que cada persona es libre en su toma de decisiones y en sus acciones, y que es, en consecuencia, la única responsable de sus actos.

No habríamos podido escribir este libro si no hubiésemos tenido la oportunidad de realizar muchas conversaciones interesantes y reveladoras con parejas que compartieron con nosotros sus preocupaciones, sus razones y sus procesos. Agradecemos su franqueza y la confianza que depositaron en nosotros. También agradecemos a nuestros amigos la revisión crítica del manuscrito.

La tarea conjunta de reflexionar sobre la esencia del amor y el desarrollo de las relaciones para este libro fue para nosotros mucho más que un desafío intelectual. Una y otra vez reflexionamos sobre nuestra propia experiencia de pareja, que incluimos en nuestro trabajo, algo que nos hizo profundamente conscientes de nuestro vínculo afectivo y profundizó aún más nuestra relación amorosa.

Los autores

Magíster Elisabeth Lindner estudió filología y psicología en Viena. Trabajó durante cinco años para una línea telefónica de asistencia en situaciones de crisis y al mismo tiempo finalizó una formación como psicoterapeuta de análisis existencial y logoterapia. Su trabajo final sobre terapia de pareja analítico- existencial titulado «Amor con libertad y responsabilidad» del año 1992 marcó el comienzo de su actividad terapéutica con parejas junto a su esposo, el Dr. Kurt Wawra. Desde entonces ejerce como terapeuta autónoma. En el año 2000 funda el Instituto de Asesoramiento a la Pareja y publica su libro «Asesoramiento para parejas», que es galardonado con el premio Viktor Frankl por su destacada contribución en el área de la psicología humanista fundada en la búsqueda de sentido.

El Dr. Kurt Wawra es jurista y psicoterapeuta. Durante muchos años se desempeñó en el ámbito de los recursos humanos, un área en la que aplicó la psicología laboral, de desarrollo de personal, la gestión de conflictos y el asesoramiento. Desde 1992 trabaja como psicoterapeuta especializado en terapia de pareja. Ha realizado diversas formaciones adicionales en psicoterapia forense (violencia en las relaciones, adicciones) y es perito psicoterapéutico.

La valentía en las relaciones

"El ser humano es un ser decidido".
Viktor Frankl

Contra la falta de entusiasmo en las relaciones

Desde la libertad inherente a una relación, como un plus de posibilidades, existe un camino hacia la virtud de la valentía.

A primera vista, parece que no existiera conexión entre amor y valentía, pero si observamos detenidamente, podemos comprobar que van de la mano, dado que ambos implican una gran pasión y claridad.

Ni la valentía ni el amor se pueden concebir sin claridad, decisión y predisposición a correr riesgos.

La única derrota de un amante sería la de no haber luchado nunca por su amor.

Al igual que el amante, el valiente verifica, sopesa y está dispuesto a correr riesgos, asumiendo inconvenientes y pérdidas. Superando el miedo, se adquiere valor en sí mismo y personalidad. Ya supone un éxito interceder a favor de alguien o algo, independientemente del resultado, por eso el valiente puede superar la derrota de no obtener el éxito deseado.

La cuestión del valor empieza por necesidades emocionales que plantean interrogantes acerca del sentido. Algo nuevo y coherente tiene que empezar, al no poder negar que el mundo interior y el exterior se distancian. Dado que cada comienzo implica separación, uno se ve forzado a confrontarse con cambios internos y externos.

Se puede suponer que una actitud valiente siempre abrirá nuevas posibilidades dotadas de sentido, porque con ella se mira hacia el futuro de una forma optimista y plagada de esperanza, lo que conlleva planes, ideas y el anhelo de una vida plena. El valiente, hace de tripas corazón y se resiste a aceptar una actitud carente de entusiasmo en sus relaciones.

¿Se puede aprender a ser valiente?

Todos vivimos en circunstancias muy diversas que dependen de factores económicos o emocionales, de ahí las differencias existentes entre nuestras libertades individuales de movimiento. Sin embargo, cada uno, dentro de sus posibilidades, puede tratar de fortalecer su autoestima; animarse a sí mismo y hacerse más valioso, siendo coherente con su forma de pensar, sentir y opinar, sin importarle las convenciones, expectativas y opiniones de los demás.

Las relaciones siempre implican valores fundamentales, decisiones y actuaciones firmes: es necesario ser valiente y fiel a uno mismo para poder comprometerse verdaderamente con otra persona: aceptar críticas, aprender a confrontarse, mencionar temas desagradables, transformarse, abandonar y empezar de nuevo hacia lo desconocido....

Por medio de la claridad y franqueza inherentes a la valentía, surgen confianza y autoconfianza, la base para el desarrollo, tanto del individuo como a nivel de pareja.

Amor

Sobre el amor

«Cuando el amor os llame, seguidle,

aunque sus caminos sean duros y escarpados.

Cuando sus alas os envuelvan, entregaos a él,

aunque la espada que entre ellas esconde pueda heriros.

Cuando os hable, creed en él,

aunque su voz desgarre vuestros sueños

como el viento del norte agosta el jardín.

Porque así como el amor enaltece, crucifica.

Así como estimula, también poda.

Así como se eleva hasta lo más alto y acaricia vuestras más frágiles

ramas que palpitan bajo el sol, también penetrará hasta vuestras raíces

y sacudirá su arraigo a la tierra.

Como espigas de trigo, os cosecha.

Os apalea para desnudaros.

Os trilla para libraros de vuestra paja.

Os muele hasta dejaros blancos.

Os amasa hasta haceros ágiles

y os entrega a su fuego sagrado para transformaros en pan sagrado

para el festín de Dios.

Todas esas cosas hará el amor con vosotros, para que podáis conocer los secretos de vuestro corazón y os convirtáis así en un fragmento del corazón de la vida.

Pero si en vuestro temor solo buscáis la paz del amor,

las mieles del amor,

entonces más vale que cubráis vuestra desnudez y

os apartéis de su senda,

para entrar en un mundo sin estaciones,

donde reiréis, pero no todas vuestras risas,

y lloraréis, pero no todas vuestras lágrimas.

El amor solo da de sí y nada recibe sino de sí mismo.

El amor no posee ni puede ser poseído.

Porque el amor se basta a sí mismo».

Khalil Gibran, «El profeta»

Con su lenguaje poético, Khalil Gibran delinea una maravillosa y muy completa imagen del amor, al que describe como lo más conmovedor que pueda ocurrirnos: puede atraparnos con toda su ternura, despertar los más dulces anhelos y al mismo tiempo modificar nuestra vida de la forma más radical.

Todas las personas albergan el anhelo de ser amadas, ya sea a través del reconocimiento, del afecto, de la seguridad o de la pertenencia. Al mismo tiempo existe frecuentemente un gran temor a la proximidad, al abandono o a las heridas, o a que la presencia del otro limite la libertad personal.

Esta ambigüedad es parte de nuestra vida y, cada vez, debemos decidir si entregarnos a la fuerza transformadora del amor, afinando nuestra capacidad nata de amar en el seno de una relación, o si sucumbir al miedo y renunciar al más intenso de todos los sentimientos. No obstante, aunque nos inclinemos por el amor, esto no significa que este vendrá hacia nosotros y que lograremos vivirlo, pues el amor no puede «quererse», nos llega como un regalo que luego debemos cultivar constantemente.

La mayoría de las personas supone que amar es algo muy fácil, que lo difícil es encontrar a la pareja adecuada y hacer que esta se comprometa con nosotros. Todas las esperanzas suelen ser puestas en el deseo de ser amados, haciendo que recurramos a todo tipo de medios y recursos para resultar atractivos para una posible pareja. Según las tendencias sociales del momento, los hombres deben mostrarse ambiciosos, fuertes, poderosos o exitosos, pero también dulces y tolerantes. Las mujeres se hacen querer con un aspecto acicalado, buenos modales, disposición para ayudar y modestia.

En general se supone que, para ser dignos de ser amados, es necesaria una mezcla de atractivo sexual y popularidad. Nos esforzamos tanto en lograr esta combinación que solemos olvidar ser nosotros mismos y percibir al otro como la persona que es.

«El amor despierta tantas esperanzas y expectativas que no sorprende la cantidad de relaciones amorosas que se rompen. No obstante, nadie está dispuesto a luchar por una relación ni a sacar conclusiones o a aprender de los errores del pasado».

Un error frecuente es confundir el enamoramiento con el amor. Cuando nos enamoramos, nos invade una sensación de felicidad intensa y deseamos fundirnos con el ser amado. Deseamos pasar cada minuto libre con esa persona, descuidamos otras relaciones, nos sentimos fascinados por las innumerables posibilidades que creemos intuir en el otro, a través del otro y con el otro. Los momentos de unión con el otro se cuentan entre las experiencias más emocionantes y satisfactorias en la vida de una persona.

A menudo, las personas ajenas no pueden comprender ese misterio y observan con asombro la visión «color de rosa» de los enamorados, pero para estos se abre un mundo de experiencias sensuales que intensifica la totalidad de su existencia. De pronto se tienen ganas de hacer locuras, se pierde la razón por el otro, se siente curiosidad por uno mismo y por el mundo visto de a dos, se tiene la sensación de ser fuerte e intrépido, se hacen planes, se deleita imaginando ideas y visiones. Se cree que juntos se podrán vencer todas las dificultades, se desborda dinamismo, optimismo y vitalidad.

El pulso de la vida inunda a los enamorados; así, el enamoramiento tiene la función de arrancarnos del aislamiento, de abrirnos los ojos, de provocar cambios y de hacer que cada persona deje de enfocarse en sí misma.

El enamoramiento ayuda a los jóvenes a disolver sin miedo el fuerte vínculo con el hogar familiar, a hacerse adultos y a emprender nuevas relaciones sociales. Si no experimentáramos atracción erótica y sexual hacia una persona desconocida nos quedaríamos para siempre junto a nuestros padres y hermanos. Como escribe Hermann Hesse en su poema «Peldaños»: «En cada comienzo habita un hechizo que nos protege y nos ayuda a vivir». Durante un cierto tiempo, el hechizo del enamoramiento nos protege.

Pasados algunos meses, sin embargo, esa fijación exclusiva debe disminuir, pues de otro modo la relación podría sofocarse a sí misma. Por muy maravilloso que pueda ser estar constantemente juntos y entenderse sin palabras, esta simbiosis resulta muy peligrosa para la perpetuación del amor, pues todo aquello que tiene vida necesita aire para respirar. En ese sentido, una relación necesita distancia, para que cada uno de los integrantes de la pareja pueda ser autónomo y capaz de vivir por sí mismo.

La disolución de esa unidad constituye una crisis: es la transición de la despreocupada y alegre levedad del enamoramiento a la seriedad y el compromiso del amor, es el paso de una simbiosis a una separación que en un principio resulta dolorosa. El otro, al que uno había percibido como una parte de sí mismo, puede parecer de pronto un extraño. Ya no se percibe ni a uno mismo ni al otro de forma tan positiva, el otro ya no parece tan fascinante, se lo ve de forma más realista, con todos sus defectos: no solo se perciben las grandes posibilidades, sino también las condiciones reales. En la rutina de la cotidianidad desaparecen la magia y la singularidad que dominaron el comienzo de la relación.

Decepcionados, solemos apartarnos; amargados, porque, tampoco esta vez, hemos encontrado el «gran» amor; o quizá logramos aceptar al otro con su diferencia, enfrentamos y analizamos esa diferencia, y logramos amarlo con su inconfundible peculiaridad. Entonces, el horizonte de la relación se hace más amplio, la afinidad y la familiaridad resurgen y de todo ello nace una fructífera tensión que impulsa el desarrollo tanto personal como conjunto.

El enamoramiento nos es regalado, pero, ahora, nos toca nutrir a la valiosa planta del amor para que no se marchite. El amor nos es adjudicado, pero no estamos fatalmente a su merced. Así como la fuerza de gravedad de la Tierra no determina la dirección de nuestro camino, el amor tampoco determina su recorrido, sino que somos nosotros quienes decidimos cómo gestionarlo y qué hacer con él. Somos libres en nuestros esfuerzos y en la forma en la que los estructuramos. En ese sentido, jamás puede decirse que seamos víctimas de una relación, sino, como mucho, de nosotros mismos.

Una relación adquiere su carácter decisivo a consecuencia de nuestra actitud hacia una persona concreta: todo depende del grado de esfuerzo que se desee invertir en esa persona.

La capacidad para amar es nata y no conoce límites: lo abarca todo. Conocemos el amor entre hombre y mujer, el amor homosexual, el amor de madre, el amor platónico o la veneración, el amor caritativo y el amor por la humanidad en general. Pero el amor no se limita a la humanidad: amamos a los animales, la naturaleza, el arte, nuestra profesión, la verdad, la justicia y a Dios.

Sea como sea, el amor despierta en nosotros un deseo de compleción, de totalidad, de unidad, de estar a buen recaudo.

Una persona u otra cosa que despierte amor en nosotros es el lugar en el que queremos estar, al que sentimos que pertenecemos y del que nos sentimos parte. Ese valor es exclusivo y único en su existencia, y no es intercambiable en su esencia.

En todas sus formas, el amor nos lleva más allá de nosotros mismos, haciendo que enfoquemos nuestra atención y nuestro afecto en otra cosa. El denominador común de todas las formas del amor es el anhelo de desprendernos de nosotros mismos, de trascendernos a nosotros mismos, de superar la barrera que nos separa del otro.

A menudo se lee o se oye decir que solo se puede amar cuando uno se ama a sí mismo. ¿Qué significa esta afirmación?

Dado que el amor se dirige siempre hacia otra entidad o persona, no es posible amarse a sí mismo en el verdadero sentido de la palabra. El amor hacia uno mismo se refiere más bien a la lealtad hacia uno mismo, en el sentido de poder contar con uno mismo, de ser un buen amigo de uno mismo.

Solo quien no se abandona a sí mismo y puede confiar en sí mismo es capaz de sustraerse al temeroso autoabrazo y comprometerse con el otro. Cuando no se teme perderse a sí mismo no existe la necesidad de controlar los propios sentimientos.

Para estar realmente junto al otro es necesario poder permanecer junto a uno mismo, pues siempre nos encontramos en el campo de tensión entre la entrega y la autopreservación —las dos tendencias más profundas en la vida del ser humano—. Cuando el amor es posible gracias al equilibrio entre proximidad y distancia, puede decirse con serenidad: «Cuando estoy contigo, estoy conmigo».

El amor no es —como suele suponerse equivocadamente— un estado paradisíaco de felicidad armoniosa, sino un proceso en constante desarrollo que va creando su propia historia. El tiempo, que es el mayor enemigo del amor, no se detiene, y lo destruye si no nos esforzamos constantemente por preservarlo.

Es mucho más fácil amar algo que no cambia: un recuerdo, el pasado, una idea, a un muerto, una imagen. Por eso, es también más fácil amar al amor o a la humanidad en su totalidad, que amar a una persona concreta —así se permanece en la falta de compromiso, en la que todo depende solo de uno mismo.

Pero el amor está vivo como la vida misma. Cambia constantemente, del mismo modo que nosotros cambiamos constantemente. Aquello que en un principio amamos en el otro no se mantiene igual y nosotros tampoco seguimos siendo quienes éramos.

En esto radica la gran tarea del amor, que lleva a tantas relaciones al fracaso: en poder apreciar y fomentar el elemento vivo del amor a lo largo de todo su desarrollo.

¿Puede aprenderse el amor?

Las personas se preguntan frecuentemente si el amor puede aprenderse y si vale la pena entregarse al amor.

Todos poseemos una capacidad nata para amar, que debe ser desarrollada, refinada y estabilizada para que no fracase precisamente a causa de las contradicciones propias del amor. El deseo de proximidad, de identidad compartida, de comunicación total y de fusión es inmanente al amor. Todas las relaciones amorosas incitan a la dependencia mutua de los integrantes de la pareja y al aislamiento simbiótico del entorno.

De esa necesidad de constante proximidad del otro y del deseo de consonancia puede surgir, por un lado, una necesidad de controlar al otro; por el otro, puede sucumbirse al aburrimiento y a la indiferencia. Ambas situaciones provocan un rápido deterioro de la comunicación.

Ningún afecto es inagotable cuando se lo somete ininterrumpidamente a presiones. Por el contrario, la regeneración y el distanciamiento son imprescindibles para que cada uno de los integrantes de la pareja sea capaz de seguir viviendo de manera autónoma. Ese distanciamiento, tan necesario, suele ser percibido como una dolorosa separación, como una pérdida de amor, pues suele ignorarse que es precisamente la distancia la que hace que el anhelo amoroso vuelva a despertar.

La independencia y la autonomía son fundamentales para un

encuentro personal, y un buen equilibrio entre proximidad y alejamiento permite que nazca la confianza que puede llevar a los integrantes de la pareja a determinar el grado adecuado de distancia.

Creemos que es posible aprender a manejar las contradicciones y transformaciones de los sentimientos amorosos. A través de su conocimiento pueden prevenirse conflictos y decepciones, enfrentando los altibajos sentimentales y emocionales con serenidad y firmeza.

Dieter Wyss, médico y filósofo, opina que estos altibajos solo pueden contrarrestarse a través del desarrollo de ciertas actitudes fundamentales como el trato afectuoso, la familiaridad y la constancia.

El trato afectuoso mutuo transmite sensaciones de seguridad, calidez emocional y amparo.

La familiaridad, entendida como la presencia del otro en el propio interior, transmite una reafirmación del afecto, abrigo y satisfacción. Transforma al otro en un tesoro íntimo y contrarresta la fatal contradicción entre proximidad y distancia. El otro no es de mi propiedad, sino que está presente en mí, me es familiar y lo acepto.

La constancia surge del crecimiento y la permanencia juntos, y de la sincera convicción «¡Quiero envejecer contigo!» nace la unión que, oponiéndose a la fuerza de lo efímero, crea un pasado común.

En estas actitudes básicas se origina una y otra vez, según Wyss, el afecto sensual. Wyss considera necesaria además una cierta prudencia (sin que por ello se pierda la espontaneidad emocional). El conocimiento del otro debe llevar a actuar con cautela, consideración, precaución e indulgencia.

No debe por tanto aprenderse el amor, sino más bien la gestión

— de la contradicción entre proximidad y distancia inherente al amor

— del carácter «fluctuante» de los sentimientos amorosos

— de la rutina de la relación.

Dado que la dificultad del amor radica en el amor mismo, en su irresoluble encrucijada de tendencias contradictorias en conflicto entre sí, es la voluntad de amar aquella que debe combatir los riesgos de la relación amorosa. El esmero puesto en el cuidado de la relación por parte de ambos integrantes de la pareja puede transmitir confianza y compensar la inestabilidad de los sentimientos.

¿Vale la pena el amor?

El amor, una de las experiencias de mayor valor, expresa el anhelo del individuo de trascenderse a sí mismo, de superarse a sí mismo y de dedicarse con abnegación a otro individuo.

Si la pareja y la familia no estuvieran asociadas al amor, y si el amor no estuviera asociado a la experiencia de felicidad, levedad y significado, tanto pareja como familia serían percibidas como una carga. Son sobre todo las necesidades humanas básicas de pertenencia y reconocimiento las que pueden ser satisfechas en el seno de una relación íntima y gracias a las cuales, en nuestra opinión, el amor vale sin duda la pena.

Ser parte

La pertenencia a nivel privado gana importancia a medida que la pertenencia social merma. Ya no nos sentimos parte de la sociedad, ni de un partido, ni de una iglesia e incluso resulta difícil identificarse con una empresa. Nuevas formas de trabajo como los contratos libres, por obra o servicios, o el teletrabajo, sustituyen al clásico empleo fijo, provocando un empobrecimiento de los contactos sociales.

La lucha individualista, la competición y la pérdida de solidaridad están en el extremo diametralmente opuesto tanto a la tendencia a socializar como a la necesidad espiritual del ser humano de ser parte de una unidad mayor. La seguridad que brinda una buena relación de pareja puede contrarrestar esa sensación de desamparo, pero, hoy en día, la relación de pareja corre peligro de verse desbordada por un exceso de exigencias.

Ser valioso

No hay nada tan beneficioso como ser valorados. La confirmación del propio valor a través de la pareja representa un remanso de tranquilidad en un mundo enfocado en la utilidad y el rendimiento.

El amor no pregunta: «¿Qué me aporta el otro?» El amor reconoce el valor de la persona porque reconoce que es digna de ser amada.

La pertenencia y el valor de una persona no pueden fabricarse, ni manipularse, ni comprarse. Surgen del amor y, por ello, están dados por el afecto de los padres y los amigos.

Pero la relación amorosa es más amplia y es única, pues a través de ella tiene lugar la confirmación de nuestra identidad física, de nuestro valor sexual y erótico.

Fidelidad, lealtad hacia uno mismo y libertad en las relaciones

La libertad y la fidelidad son dos fenómenos estrechamente vinculados con el amor.

Muchas personas consideran que el vínculo de pareja es irreconciliable con la libertad. Han experimentado o creen que la vida en pareja es sinónimo de pérdida de autonomía. Por esa razón nos hemos preguntado si el amor puede traer consigo un aumento de posibilidades, es decir, una mayor libertad.

La fidelidad es otro de los temas centrales de las conversaciones sobre las relaciones amorosas. Analizaremos en profundidad los conceptos de fidelidad, infidelidad y lealtad hacia uno mismo en el marco de la pareja.

Fidelidad y amor

La fidelidad como concepto formal inanimado, religioso o moral, carece de toda naturalidad y no es una libre elección. No obstante, cuando la fidelidad es un criterio del amor, ya no se plantea la pregunta suspicaz (que de por sí equivale a un abuso de confianza): «¿Acaso me eres fiel?», pues el amante solamente desea estar con la persona amada y con nadie más.

La fidelidad es la certeza de poder confiar en el otro. Implica creer en el otro y en la durabilidad de la relación. No se debe tener miedo a ser abandonado o desatendido frente al menor problema, a pesar de todos los errores, el vínculo se mantiene.

Es la confianza en que

— el otro intenta comprenderme,

— actúa hacia mí de forma comprometida, no aleatoria,

— yo puedo ser como soy,

— el otro tiene buenas intenciones hacia mí

— puedo confiar en que cree en la relación.

El devenir es infiel

Vivir significa devenir, es sinónimo de constante desarrollo y transformación. El devenir contiene la infidelidad en sí mismo, y el ser humano se anquilosaría si no cambiara con el tiempo y de acuerdo a sus inclinaciones. En este hecho radica el eterno dilema y la paradoja de la existencia humana: ¿cómo es posible satisfacer tanto la necesidad humana fundamental de fidelidad (arraigo y seguridad) como aquella, igualmente fundamental, de transformación (cambio y crecimiento)?

En su libro *Utopie der Treue* (La utopía de la fidelidad) Marina Gambaroff escribe: «Ni la fidelidad ni la infidelidad como principio pueden hacerse realidad, si bien es posible vivir ambas con un enorme despliegue de calumnias. Aquel que afirme ser totalmente fiel tanto en los hechos como en sus fantasías es víctima de un autoengaño. Aquel que niegue tener grandes dificultades con la infidelidad de su pareja o con la propia, también».

Decidirse por la fidelidad

No se trata de ser fiel a una cosa cualquiera, pues eso no sería más que fanatismo, rutina o apego nostálgico al pasado. Se trata de decidirse por la fidelidad, de manera deliberada, y de ratificar su vigencia una y otra vez; se trata de tener una actitud fiel que, en su compromiso con otra persona o con algo, recuerde constantemente su existencia y que, —a diferencia de la actitud infiel— exija el análisis de la relación existente. Este tipo de fidelidad es radical, intransigente e integral.

La persona infiel toma algo de cada lugar, adapta el concepto y lo interpreta de acuerdo a su conveniencia. Niega y traiciona lo que recuerda, para luego olvidar lo que ha traicionado. André Comte-Sponville escribe: «El amor infiel no es el amor libre; es el amor olvidadizo, el amor renegado, el amor que desprecia lo que ha amado y en consecuencia se desprecia a sí mismo. ¿Puede acaso llamarse amor?» Y continúa: «La fidelidad es la lucha contra la negación y el olvido».

Se puede ser fiel a relaciones o a ideas anteriores, por considerarlas valiosas y correctas para su momento.

Existe una apreciación a posteriori, que deja ser lo que ha sido, que no devalúa ni niega aquello que hoy ya no está vigente.

Es la fidelidad hacia el pasado vivido, que no censura la propia biografía, sino que la conserva en su totalidad ratificando su carácter único.

¿Tengo espacio dentro de la relación, tengo posibilidades de retirarme, tengo tiempo para mí o me siento limitado?

Lealtad hacia uno mismo

Ser fiel a uno mismo puede equivaler a replantearse una convicción, a cambiar una opinión cuando esta se ve rebatida por argumentos bien fundados, y requiere elasticidad y capacidad de aprendizaje. No se trata de aprender a ser infiel, sino de ser capaz de replantearse las cosas de manera autocrítica, de cambiar de posición, de poder desprenderse, de renunciar a relaciones, de aceptar la soledad y la inseguridad cuando es preciso deshacer un vínculo interior o exterior.

En *Hamlet*, de Shakespeare, Polonio dice a su hijo Laertes, advirtiéndole acerca de su estilo de vida: «Sobre todo, sé fiel a ti mismo, pues así no podrás ser falso con nadie».

Ser fiel a uno mismo, y confiable para otras personas, significa:
- Decir «sí» cuando se quiere decir «sí».
- Casarse con la pareja que se ama, no con aquella que ofrece un buen sustento.
- Elegir la profesión acorde a las propias capacidades e inclinaciones.
- Hacer aquello que nos produce satisfacción, no solamente lo que es razonable.

Actuar en contra de las propias convicciones o desoír la voz interior lleva al sometimiento, a la negación, a la represión y a la autoalienación.

El reconocido psicólogo social Horst-Eberhard Richter llama a esto «expropiación de la conciencia». Todo niño posee una disposición nata que le permite sentir qué es justo y qué es injusto, qué es bueno y qué es malo. Pero cuando los padres le prescriben una y otra vez lo que debe considerar correcto y bueno, esa disposición interior se corrompe.

Durante el crecimiento, esto puede manifestarse en una especie de falsa sumisión a la autoridad, que hace que la propia convicción deba ser negada constantemente.

La sumisión, la obediencia, la adaptación y el conformismo son las consecuencias de renunciar a la autonomía y a la responsabilidad.

La persona fiel a sí misma, en cambio, se guía por su conciencia y no por las expectativas de los demás. Actúa de forma auténtica (creíble): idéntica consigo misma, en armonía con sus propias acciones.

Si partimos de nuestros papeles o imágenes de nosotros mismos, reaccionamos de forma «estática» frente a todas las situaciones de la vida, mostrándonos por ejemplo siempre dispuestos a ayudar y amigables, siempre maternales o siempre distantes. En cambio, si actuamos como personas, reaccionamos de forma diferente ante cada situación y nos responsabilizamos de nuestras acciones. La autenticidad otorga perfil y personalidad a cada ser humano que, a su vez, sigue transformándose de manera dinámica durante toda su vida. Dice Viktor Frankl: «No solamente actúo de acuerdo a lo que soy, sino que también devengo de acuerdo con mis actos».

La personalidad se manifiesta repetidamente en los valores individuales por los que una persona se siente atraída y que cada uno hace realidad a su propio modo.

Para nuestra vida amorosa, el desarrollo de la propia personalidad no es menor, pues solo a través de este desarrollo devenimos en un «prójimo» perceptible para los demás. Cuanto más auténtica es una persona, mejor puede ser en su intercambio con el mundo, mejor puede graduar la proximidad y la distancia, y menos peligro corre de fundirse con su pareja o de alienarse.

A continuación, ilustramos hasta qué punto las ideas preconcebidas pueden influir en las relaciones y socavar la escala de valores de una persona.

El Sr. N. es un apasionado jugador de fútbol. Entrena tres veces por semana y juega un partido cada fin de semana. Cuando su novia queda embarazada, esta espera que él abandone el fútbol, se comporte por fin como un adulto y asuma responsabilidades. Desanimado, el Sr. N. se somete a la presión moral.

Al hacerlo, el Sr. N. pierde la libertad de decidir y sopesar todos los elementos.

No se lo ha consultado y no ha tenido elección, pues sus valores personales han sido devaluados de antemano para ser subordinados a valores morales «generales». Solo ha podido elegir entre ser etiquetado como egoísta en caso de mantenerse leal a sí mismo, o aceptar las limitaciones de sus posibilidades para salir airoso moralmente.

El Sr. N. declaró que en aquel momento sintió cómo algo se rompía en su interior y la relación se transformaba en una fatigosa obligación.

Esta pareja habría de haber analizado con anterioridad los posibles choques de valores.

Los cuestionamientos que habría de haberse planteado la Sra. N. habrían sido:

«¿Qué significa formar pareja con un hombre que juega al fútbol?»

«¿Cómo será mi vida futura?»

«¿Podré aceptarla?»

«¿Me interesa el fútbol? ¿Estaría dispuesta a demostrar interés por amor a mi compañero?»

El Sr. N. habría de haberse preguntado:

«¿Conozco las expectativas de mi compañera?»

«¿Sé lo que piensa de mi pasatiempo?»

«¿Estoy dispuesto a fundar una familia si esto significa renunciar al fútbol?»

Lealtad hacia uno mismo y sexualidad

El caso siguiente ilustra cómo la falta de lealtad hacia uno mismo puede repercutir en los encuentros sexuales.

La Sra. M. comienza a acudir a terapia porque desea por fin descubrir por qué su cuerpo no «funciona». Desde hace años, finge frente a sus compañeros sexuales, comportándose de manera apasionada y provocándoles mucho placer. Ella, en cambio, no experimenta grandes sensaciones, nunca ha tenido un orgasmo y suele aburrirse. Su mayor preocupación radica en que su pareja pueda descubrir que no es una mujer completa. No desea tener un orgasmo para sí, sino para él. Evalúa su cuerpo con extremada severidad y detesta varias de sus partes. Ya durante la pubertad se percibía a sí misma como objeto del deseo, mientras que en realidad buscaba amistad y afinidad. En consecuencia, aprendió a sacrificar su cuerpo, para así ser «amada». Percibe su propio valor solamente cuando un hombre la desea.

Conflictos como el de la Sra. M. se encuentran frecuentemente en la práctica psicoterapéutica. Por un lado, el rechazo de la femineidad, por el otro, la conducta totalmente adaptada a las expectativas masculinas. Haciendo exactamente lo que detesta, la Sra. M. debilita continuamente su integridad. Se desacredita frente a sí misma y, a consecuencia de su baja autoestima, depende totalmente de la satisfacción de su pareja. Si él está satisfecho, ella también lo está.

La adaptación surge del conflicto entre las expectativas (de los demás) y los sentimientos propios, cuando se elige satisfacer las expectativas ajenas. La adaptación no engendra un espacio vital (algo que solo es posible a través del análisis) y, en consecuencia, la agresión es dirigida hacia uno mismo: para adaptarse al exterior, se castiga el propio interior.

La Sra. M. no podía percibirse ni apreciarse a sí misma. Por esa razón, de nada le servían los halagos ajenos. Cualquier tipo de reconocimiento caía en saco roto. Necesitaba dosis cada vez mayores de atención y su dependencia de los demás no cesaba de aumentar. No poder ser fieles a nosotros mismos es una de las autoagresiones más profundas.

Podemos pasar años, incluso la vida entera, esperando el ansiado reconocimiento y el afecto de los demás. Por supuesto que es agradable que otras personas crean en nosotros, que confíen en nosotros, que nos apoyen. Pero esto no debe ser una condición preestablecida para que creamos en nosotros mismos. En definitiva, cada persona depende solo de sí misma, y es precisamente la conciencia de esta soledad la que hace que el propio ser pueda emerger. ¿Quién, si no la propia persona, puede involucrarse a sí misma en el mundo?

Nadie puede asumir esta tarea en nuestro lugar. Involucrándonos, aprendemos cada vez más de nosotros mismos y descubrimos nuestras flaquezas, pero también nuestras fortalezas. Este autoconocimiento es el primer paso hacia la lealtad hacia uno mismo: el reconocimiento del propio valor.

Hacía tiempo que la Sra. M. sufría a causa de su dependencia y su deshonestidad. El último impulso para que comenzara a asistir a terapia fue la aparición de un nuevo hombre en su vida, con el que no quería seguir fingiendo.

La Sra. M. comenzó a cuestionarse su vida y desveló a su nueva pareja sus dificultades. Esas conversaciones los acercaron y aliviaron, pues él había notado su falsedad y su sinceridad lo reconfortó. La Sra. M. vivió por primera vez una situación en la que fue deseada por su femineidad auténtica y no por una pasión fingida. Fue nuevo para ella que alguien la encontrara atractiva por su carisma natural y pudiera amarla por lo que es. Se sintió insegura, pero también sintió curiosidad por sí misma. La satisfacción que le produjo la conquista de su propio ser superó con creces el miedo que tenía de encontrarse con la nada, con un horrible vacío o con espantosas verdades sobre su persona.

La ausencia de lealtad hacia uno mismo se manifiesta en la carencia de fundamento, —algo comparable a un tonel sin fondo—, una carencia que trae consigo inseguridad, sensación de desamparo, desconfianza, extrema susceptibilidad e intolerancia. En lugar de unión, se siente extrañeza: se vive separado del resto del mundo como por un muro invisible.

La Sra. M. solía padecer infernales tormentos pues jamás se atrevía a cuestionar las cosas o a corregirlas.

Ahora se percibe como una persona más valiente, más confiada y más definida que antes. Con el aumento de la confianza en sí misma, su miedo a ser abandonada ha disminuido. Es ahora una leal amiga de sí misma, algo que le da seguridad frente al mundo y aumenta sus posibilidades de acción.

Si somos capaces de entregarnos sin tener miedo de perdernos o de ponernos a merced de otro, nuestro ser más íntimo se manifiesta en nuestro comportamiento sexual. Surge entonces una interacción constante entre la lealtad hacia nosotros mismos y la capacidad para relacionarnos, pues solo una autoestima estable hace posible que un encuentro sexual sea lo que debe ser: un intercambio libre y abierto entre dos personas que pueden acercarse y entregarse la una a la otra.

La libertad dentro del vínculo

Muchas personas temen a los vínculos estrechos porque creen que una relación trae consigo limitaciones o las han vivido. Sin embargo, no es la relación en sí misma la que impone limitaciones; es renunciar a la lealtad hacia uno mismo lo que limita la libertad.

¿Quién nos pide realmente que seamos otra persona en el seno de la relación? ¿Debemos efectivamente someternos a normas, ideas, ilusiones y expectativas ajenas, renunciando a nosotros mismos? ¿Durante cuánto tiempo es posible mantener algo así? De este modo, ¿no se allana acaso el camino hacia la deshonestidad y la clandestinidad?

Cuanto más capaces seamos de realizar un examen sincero de nosotros mismos y de los otros, mayor es la posibilidad de que una relación amorosa supere todos los obstáculos a lo largo del tiempo, pues quien es capaz de desarrollar su potencial deja espacio también al otro. Así, ambos se sienten a gusto en el seno del vínculo, pues pueden desarrollar sus aptitudes e intereses, y además, a través de las posibilidades comunes y del efecto de la sinergia, viven con mayor intensidad.

Comience planteándose lo siguiente: Si usted se conoce a sí mismo y conoce sus valores e intereses, tiene mayores posibilidades de encontrar una pareja adecuada.

Queremos animarle a poner en una relación las expectativas que surgen del conocimiento de su propio plan de vida.

Más frecuentemente de lo que se cree, se vive el proyecto de vida de los padres o de la pareja, y más rápido de lo que uno quisiera, el amor muere o la relación termina.

Para conocernos a nosotros mismos no hace falta retirarnos. En las relaciones se aprende mucho sobre nosotros mismos, pero es recomendable tomarse el tiempo necesario para evaluar con precisión cuáles son nuestras motivaciones antes de consolidar nuestra vida a través de compromisos difícilmente revocables.

Relaciones con valor

Contra la indecisión en las relaciones

Desde la libertad inherente a la relación, que presenta un abanico de posibilidades, hay un camino que conduce a la virtud del valor. A primera vista puede parecer que no exista conexión alguna entre el amor y el valor; no obstante, si se observa detenidamente, se descubre que van de la mano, pues ambos implican gran pasión y determinación. Ni el valor ni el amor pueden concebirse sin claridad, capacidad de decisión y disposición para el riesgo. Para los amantes, la única derrota posible consistiría en no haber luchado jamás por su amor.

Igual que el amante, el valiente evalúa si está dispuesto a correr riesgos y a asumir desventajas y pérdidas. Superando el miedo es posible ganar autoestima y perfilarse, pues ya supone un éxito luchar por alguien o algo —independientemente de los resultados—, razón por la cual el valiente soporta las derrotas aun cuando no se presenta el éxito esperado.

La cuestión del valor surge a partir de necesidades emocionales que plantean cuestiones de sentido. Debe comenzarse algo nuevo, armonioso, pues ya no puede negarse la disociación entre el mundo interior y el mundo exterior.

Todo comienzo implica desprendimiento y nos vemos obligados a afrontar cambios tanto internos como externos.

Puede suponerse que una actitud valiente siempre abre paso a nuevas perspectivas dotadas de sentido, pues se mira hacia el futuro con esperanza y optimismo. De esta mirada nacen planes, ideas y el anhelo de una vida plena. Quien es valiente hace de tripas corazón y no permite que la indecisión reine en las relaciones.

¿Puede aprenderse a tener valor?

En mayor o menor medida, todos vivimos en relaciones de dependencia económica o emocional. Por esa razón, nuestras libertades individuales son diferentes. No obstante, todos podemos, en el marco de nuestras posibilidades, dar pequeños pasos para fortalecer nuestra autoestima y ser más valientes, preguntándonos consecuentemente qué pensamos sobre un tema determinado, más allá de los convencionalismos, de las expectativas y las opiniones de los demás.

Las relaciones siempre se basan en valores, en determinadas elecciones y en una actitud decidida: hace falta valor y lealtad hacia uno mismo para poder involucrarse realmente con otra persona, para mostrarse y aceptar críticas, para aprender a afrontarse mutuamente, para tocar temas desagradables, para cambiar, desprenderse, recomenzar por un camino desconocido...

De la determinación y la franqueza inherentes al valor surgen la confianza y la autoconfianza, fundamentos para el desarrollo del individuo y de la pareja.

Asesoramiento preventivo a la pareja

Por qué la prevención es cada vez más importante

Si se observa el desarrollo social de las últimas décadas, puede notarse un proceso de individualización que ha ido en aumento y ha traído consigo importantes cambios en el entramado de las relaciones. Este proceso está desencadenado sobre todo por la desaparición de los papeles tradicionales (el hombre ya no es el único que mantiene a la familia y la mujer ya no se ocupa solamente de los niños y el hogar, sino que cada vez hay más parejas que trabajan, hombres y mujeres que crían solos a sus hijos, mujeres con un grado de formación más alto, etc.) además de la movilidad en el mercado del trabajo, impulsada por la economía.

Las imposiciones sociales, económicas y religiosas que daban continuidad a las relaciones han desaparecido, abriendo paso a una abolición de controles y coacciones. Pero al mismo tiempo caducan aquellas condiciones que, en tiempos pasados, ofrecían un marco de seguridad a las personas.

Afortunadamente, la realidad de cada individuo se ha hecho más amplia y más transparente, pero también más compleja y contradictoria. Esta ampliación de la realidad trae consigo, por un lado, nuevas posibilidades de elección y acción pero, por el otro, tanto el individuo como mucho más la pareja se ven enfrentados a cada vez más situaciones que requieren tomas de decisiones que pueden provocar conflictos. Son necesarias enormes prestaciones para crear un mundo propio y aún más para lograr un mundo común. La cuestión central radica en cómo dos personas, con sus historias de vida individuales, a menudo totalmente diferentes, pueden encontrarse, y en cómo pueden gestionar el difícil equilibrio entre una vida propia y una vida en pareja.

El proceso de individualización lleva simultáneamente a que el amor sea cada vez más importante, pues cuantas más referencias estabilizadoras caducan, más enfocamos nuestra carencia en la relación de pareja. A menudo sentimos que no somos capaces de afrontar la vida solos, y creemos que en pareja estamos mejor preparados para hacer frente a la realidad: en un mundo que cada vez gira más rápido, el amor debe proporcionar estabilidad. Pero el amor puede verse sobreexigido por estas circunstancias y, sin un análisis constructivo constante, las relaciones se rompen, algo que se refleja en los elevados porcentajes de divorcios.

La misión del asesoramiento a la pareja y de la terapia de pareja es orientar y acompañar a las personas que buscan un camino por el que llevar su relación. La temática central de este asesoramiento, la educación de la capacidad para relacionarse, trae consigo una mejora de las aptitudes para la comunicación y para hacer frente a los conflictos.

En el ámbito de la elección de pareja no existe un asesoramiento competente, como en tantos otros aspectos de la vida, por el contrario: nos enfrentamos con frecuencia a consejos inútiles, imágenes y mitos que llevan a que, a largo plazo, las cosas empeoren y no mejoren. Ya durante las etapas más tempranas de la elección y de la formación de la pareja se presentan numerosos malentendidos, que durante esa etapa pueden ser corregidos fácilmente. Pero tampoco suele hacerse un asesoramiento preventivo frente a grandes cambios como la llegada de los hijos, un cambio de residencia o determinadas exigencias profesionales.

Consideramos que las medidas preventivas tienen sentido frente a:

— las numerosas uniones que se consolidan a pesar de las circunstancias (un importante número de parejas está insatisfecho con la relación ya antes de contraer matrimonio, pero ignora el hecho y decide casarse de todos modos)

— las separaciones que no se superan y no conducen a un aprendizaje;

— la creciente resignación frente a las elecciones de pareja erróneas,

— los numerosos daños económicos, sociales y psíquicos causados por las separaciones y

— las tragedias familiares resultantes.

El asesoramiento preventivo a la pareja ayuda a esclarecer qué es valioso e importante para nosotros y a defenderlo frente al resto del mundo. Eso precisa tiempo, por lo cual el asesoramiento preventivo a la pareja ralentiza los procesos de toma de decisiones,

— para conocerse a sí mismo y al otro con toda tranquilidad,

49

— para constatar tanto la calidad de la comunicación como la capacidad para relacionarse y enfrentar conflictos y

— para poder evaluar las consecuencias de los cambios de vida planificados.

A continuación, describimos los tres principales ámbitos en los que se aplica el asesoramiento preventivo a la pareja, ilustrándolos con casos concretos que demuestran cómo ciertas medidas preventivas pueden ayudar a evitar los problemas que podrían presentarse.

Formación de la pareja

Del enamoramiento al amor

La vida no siempre puede planificarse. No obstante, precisamente durante la fase de formación de pareja, es posible subsanar diferencias infranqueables que pueden llevar a conflictos irresolubles si se conoce cuáles son los propios valores.

El pasaje del enamoramiento a la percepción realista del otro suele desatar una crisis. Cuanto más extático ha sido el enamoramiento, más descarnado es el despertar. El enamoramiento es, en principio, un buen comienzo y una gran oportunidad para una relación, pero de ningún modo garantiza el éxito de la pareja.

Las parejas deben aprender a

a) percibir la realidad a pesar del enamoramiento.

b) ser cautelosas durante el pasaje del enamoramiento al amor.

a) Es desaconsejable tomar decisiones importantes durante la fase acrítica del enamoramiento, como demuestra este caso de manera ejemplar:

Presa de la euforia del enamoramiento, la Sra. A. se casó con un hombre que había conocido tres meses antes. Muy pronto, el hombre desveló su carácter inestable, despótico y manipulador. Cuando ella comenzó a tener dudas, ya estaba embarazada. Tras el nacimiento del niño, la situación se agudizó a causa de los celos extremos y el desapego del marido. Finalmente, ella pidió el divorcio para protegerse a sí misma y a su niño. Su ex esposo intentó vengarse de todas las formas posibles. La Sra. A. vivió casi diez años atemorizada constantemente por el acoso de su ex marido.

A través de este caso drástico queremos señalar que, tarde o temprano, el análisis es necesario: si no se lo hace por voluntad propia y en el momento adecuado, más tarde nos veremos obligados a hacerlo.

Innumerables clientes informan que tras el divorcio —cuando creyeron estar por fin en paz— se vieron obligados a negociar constantemente con la ex pareja sobre asuntos relacionados con los hijos en común o con compromisos financieros.

Las preguntas que debemos hacernos durante la fase del enamoramiento:

¿Conozco la diferencia entre enamoramiento y amor?

¿Conozco las razones para mi enamoramiento o éste me ha enceguecido? ¿Puedo tomar una posición respecto al otro, juzgarlo de manera realista?

¿Qué pasó tras mis anteriores enamoramientos? ¿Me llevaron siempre (de manera consciente o casual) a empezar una relación?

b) Esta fase podría denominarse «cae el telón», pues durante la misma las proyecciones (es decir, nuestra imagen del otro) colisionan con la realidad. La percepción realista del otro suele causar un retroceso de los sentimientos eufóricos y con ello una crisis. Muchas parejas reaccionan con profundo temor o sentimientos de decepción ante esta transición, aferrándose el uno al otro o rechazándose.

El asesoramiento ayuda a las parejas a asumir esta fase no como una crisis, sino como un proceso natural que permite a cada persona reorganizar el reencuentro consigo misma.

Partiendo de la suposición de que la verificación de la realidad por parte de la pareja ha dado resultados positivos y que la pareja desea un futuro común, el asesoramiento preventivo a la pareja fomenta la capacidad para el diálogo entre los miembros, facilitando la transición tras la primera etapa paradisíaca. Es el momento para el análisis y el conocimiento mutuo más profundo, y debe establecerse compromisos internos, una escala de valores común y una actitud decidida del uno hacia el otro.

Debe nacer la confianza en que algo sólido y estable nos espera una vez que el enamoramiento desaparezca, en que el amor nacerá y se construirá y en que durante ese proceso habrá nuevas fases de enamoramiento.

Todo comienza con la elección de la pareja

Vivimos en una época en la que tenemos más posibilidades que nunca antes. Hoy podemos elegir. Podemos tener diversas relaciones, podemos hacer el intento y luego podemos separarnos.

También las mujeres tienen por fin la libertad de elegir a la pareja que deseen. Ya no son sus padres quienes eligen por ellas, hoy pueden escuchar a su corazón en lugar de guiarse por sus necesidades económicas e incluso pueden decidir vivir solas. Hoy, muchas mujeres pueden mantenerse a sí mismas, tienen una formación sólida, planes profesionales, un círculo de amistades estable y pasatiempos interesantes. Tienen a su disposición un amplio espectro de posibilidades que les permite fortalecer su autoestima e identidad. Al mismo tiempo, una mujer puede elegir, igual que antes, ser esposa y madre si se identifica con ese papel; ahora es una elección libre y no la justificación única e invariable de la existencia femenina.

Ya no hay diferencias respecto a las posibilidades: tanto hombres como mujeres pueden reflexionar sobre sus proyectos de vida y, de acuerdo con estos, decidir qué tipo de pareja encaja en ellos.

Gracias a la caducidad de las obligaciones tradicionales, las excusas relacionadas con el «destino» se han desactualizado, pues la responsabilidad por los propios actos aumenta de manera proporcional a la libertad de elegir.

Las puertas están abiertas: Ahora solo hace falta valor y confianza para abandonar la jaula y vivir nuestra vida en libertad.

En la fase de elección de la pareja y en la primera etapa de la pareja, es primordial reflexionar sobre el proyecto de vida propio y, consecuentemente, determinar qué pareja podría encajar en ese proyecto de vida.

Un joven que se describe a sí mismo como extremadamente razonable y poco sentimental dice relacionarse siempre con las mujeres equivocadas. Cuando se le pregunta cómo haría para reconocer a la mujer «adecuada», su respuesta es: «Confío en mis sentimientos».

Las pocas experiencias que había tenido con mujeres le habían confirmado sus prejuicios acerca de que solo existen dos tipos de mujeres: aquellas que desean cuidar al hombre como si fueran su madre, y aquellas que desean tener un hombre al que admirar. Ninguna de estas opciones le interesa y, como jamás ha pensado acerca de qué tipo de mujer podría realmente encajar con él, se ha resignado y piensa que la vida no tiene sentido. Como no sabe lo que quiere, deja que las mujeres definan la relación, luego se siente dominado y manipulado, privado de su libertad y masculinidad, y rompe las relaciones.

Durante las sesiones de terapia se intentó que hablara menos de sus fantasías sobre las mujeres y más sobre sus propias necesidades, y sobre el valor de mostrarse ante una mujer.

En el siguiente capítulo hablaremos de una posibilidad de buscar pareja que encierra el peligro de ensimismarse en sus propias imágenes e ilusiones y no poder ver la realidad tal como es.

Relaciones a través de Internet

Mientras que, hasta hace algunos años, se solía conocer a la pareja en el lugar de trabajo o durante actividades recreativas de manera directa y personal, hoy en día la mitad de los encuentros ocurre de forma virtual: Internet ofrece ilimitadas posibilidades de contacto más o menos comprometidas en sitios de citas y chat. Mientras que, antes, los encuentros surgidos a través de un anuncio en un diario eran callados con vergüenza, hoy en día no resulta en absoluto embarazoso buscar pareja a través de un servicio profesional. Los ordenadores calculan las probabilidades de consenso y diversos programas filtran los resultados para obtener una primera selección con el objetivo de descartar parejas desparejas desde un principio. Por su sobriedad, este procedimiento tecnocrático recuerda a las solicitudes de empleo. Como ocurre en el mercado del trabajo, aquel que busca pareja a través de Internet se enfrenta a una inmensa competencia: Siempre hay innumerables adversarios que buscan hacerse con el mejor «producto» con igual agresividad. Esta conciencia de la competencia desemboca en un intento de autocomercialización óptima que produce incongruencias entre la persona real y la persona como producto.

Cuidar el embalaje y la imagen suele hacerse a costas del contenido y la autenticidad.

Algunos estudios han demostrado que la búsqueda de pareja en Internet, a pesar del gran surtido y la asistencia a la hora de elegir, no es más efectiva que los métodos tradicionales para el caso de una relación estable: Hasta que se forma una relación seria, transcurre un promedio de tres años. Además, se ha comprobado que las relaciones iniciadas en Internet, no obstante la cuidadosa preselección, no son demasiado duraderas. Estos resultados, además de nuestra experiencia como terapeutas de pareja, nos han llevado a reflexionar sobre cómo, aprovechando las ventajas de Internet, se podría minimizar las desventajas recurriendo al asesoramiento preventivo a la pareja. Enumeramos también algunos motivos que llevan a la búsqueda de pareja a través de Internet, aunque puede haber motivos mixtos.

¿Cuáles son los motivos para buscar pareja a través de Internet?

— Pocas posibilidades de contacto en el día a día
Un fenómeno de nuestro tiempo, la transformación de las condiciones en el mundo del trabajo (el trabajo autónomo, las miniempresas, el trabajo telemático) ha causado una pérdida de contactos sociales. Con ello, las posibilidades de conocer nuevas personas se han reducido. También aquellos que tienen poco tiempo o demasiado estrés emplean Internet para buscar pareja, para entrar en contacto con otras personas.

— Los contactos no conducen a una relación

Hay personas que tienen capacidad para hacer contactos pero que no logran que surja la relación deseada.

— Dificultades en las relaciones / elección de pareja inadecuada

Personas que están interesadas seriamente en estructurar mejor su búsqueda de pareja a través de la preselección realizada por ordenador en Internet. También aquellas personas que suelen tener relaciones, pero que no logran que esas relaciones perduren.

— Falta de autoestima en relación a las capacidades para hacer contactos y tener relaciones

Personas que, por ser tímidas o reprimidas, no logran hacer contactos o corresponder a intentos de contacto, y personas que, por vergüenza o miedo al fracaso, han desarrollado un comportamiento evasivo.

— Búsqueda de un tipo de contactos determinados (sexo, pasatiempos específicos)

Personas que no aspiran a una relación única.

— Internet como grupo de autoayuda (abandonados, divorciados, padres solteros, etc.)

Personas que buscan apoyo y comprensión en una situación vital pasajera. En estos casos, la elección de pareja está determinada por un destino compartido, no por los mismos intereses y valores.

También aquellas personas que atraviesan una crisis, se sienten solas y buscan a alguien que pueda sustituir las carencias surgidas en determinados ámbitos (por ejemplo, los viajes que se realizaban con una pareja fallecida).

Para completar el panorama queremos mencionar también a aquel grupo de personas que emplea Internet para compensar determinados problemas o déficits personales.

Nos referimos a aquellas personas que
— encuentran satisfacción ejerciendo un control anónimo sobre otros
— tienen un temor desproporcionado a las relaciones reales
— son adictos a hacer nuevos contactos
— juegan con identidades falsas.

Aquellas personas que desean introducirse en vidas ajenas para conocer intimidades de otros, o que creen tener una relación, aunque eviten cualquier tipo de encuentro y, con la ayuda de esas relaciones artificiales, se protegen de la proximidad y de una relación real.

Estas preguntas pueden resultarnos útiles:
¿Por qué y qué busco en Internet?
¿Son realistas mis expectativas?

¿Qué sentimientos y pensamientos me acompañan durante mis búsquedas?

A través de mi vida virtual en la red ¿noto en mí cambios emocionales y cognitivos?

El enfoque del asesoramiento a la pareja está puesto en aquellas parejas que están interesadas en tener una relación seria y no en aquellas que buscan simplemente contactos por la razón que sea. Deseamos advertir de antemano sobre las características estructurales y los peligros que alberga el medio Internet.

¿Qué carencia presenta el medio Internet en relación a un encuentro en la vida real?

— La individualidad y unicidad de un encuentro

— El lenguaje hablado, el sonido de la voz, los medios tonos

— La información sensorial no verbal: la mímica, la gestualidad, el olor corporal, la «química»

— La inmediatez de la percepción de todo aquello que hace a la persona del otro

— La espontaneidad de la expresión

— El carisma del otro

¿A qué puede llevar la búsqueda de pareja a través de Internet?

— A la confusión entre contacto y relación (superficialidad en lugar de profundización)

— A una sensación de desbordamiento a la hora de tomar decisiones frente a lo infinito de las posibilidades

— Al aplanamiento y la arbitrariedad de los sentimientos cuando se quiere mantener abiertas todas las posibilidades

— A la falta de compromiso y la intercambiabilidad (comportamiento consumista)

— A usar de forma abusiva a otras personas (contra el vacío y el aburrimiento propios)

— A la franqueza, la afinidad y la intimidad mal entendidas (no adecuadas para la etapa de desarrollo en la que se encuentra la relación)

— A evitar sentimientos importantes, porque uno puede seguir navegando después de haber sido rechazado

— A engaños, porque lo escrito no siempre corresponde a la realidad y con ello se alimenta imágenes e ilusiones

— A comportamientos adictivos, porque es posible acceder constantemente a nuevas emociones (aumentadas gracias a la clandestinidad del procedimiento)

El medio Internet tiene una particular tendencia hacia esto último cuando se trata de contactos, y presenta muchos inconvenientes si lo que se busca es una relación de pareja seria. Cuanta más importancia tenga la búsqueda de una relación, más importante es la prevención.

¿A qué deben prestar atención las parejas que se han conocido a través de Internet y quieren establecer una relación?

A pesar de lo fascinante que pueda parecer establecer contactos a través de Internet, conocer a muchas posibles parejas, elegir a algunas y quizá decidirse por una, la construcción de una relación comienza de cero cada vez que dos personas se encuentran físicamente por primera vez.

El primer encuentro está marcado por la historia virtual anterior, algo que, desde nuestro punto de vista, obstaculiza más que facilita el acercamiento. Durante la primera etapa de búsqueda de pareja a través de Internet está en primer plano, como mencionamos anteriormente, la «autocomercialización», es decir la intención de dar la mejor imagen posible de uno mismo. Esta actividad que se enfoca en uno mismo suele hacer olvidar que también habría de cuestionarse las afirmaciones del otro. Otro problema de la autorrepresentación es que no es posible representarse a uno mismo de forma completa ni verdadera. Cada uno se describe, intencionada o inconscientemente, de forma parcial, y se presenta de una forma muy determinada. Debería empezarse por conocerse mutuamente, pero la mayoría de las parejas están tan obsesionadas por su deseo de tener una relación, que la construyen sobre cimientos artificiales y endebles, y no se toman el trabajo de cuestionar o de justificar ni la supuesta proximidad, ni la franqueza, ni los supuestos compromisos ni la amistad nacidos a través de la red.

La comunicación por escrito también tiene sus propias normas. Cuando se escribe se gana tiempo para elaborar estrategias antes de responder. Puede formularse el propio monólogo cuando se está en vena sin ser molestado por la presencia del otro.

Una vez que se está frente al otro se requieren otras aptitudes: para el diálogo espontáneo, para la inmediatez de la postura emocional, el análisis de la misma y el sondeo sensible de afinidad y distancia. Los estados de ánimo y los sentimientos se representan de otra manera cuando lo físico entra en juego. Gestos, mímica, el arte de la comunicación, todo esto adquiere otro significado cuando ocurre de forma espontánea, y las reacciones son completamente diferentes. Es posible que, cuando caducan fantasías y proyecciones, se imponga una desilusión comparable a la transición del enamoramiento al amor.

Suponiendo que la persona que tenemos enfrente nos resulte físicamente atractiva, debe formarse ahora una imagen completa con los fragmentos y las instantáneas que se tenían a disposición, debe traducirse esas imágenes mentales y compararlas con la realidad. Debe realizarse un cuidadoso proceso de acercamiento. Aunque pueda parecer que uno se conoce bien, en realidad se es aún extraños. Dado que, durante la primera fase, el deseo de tener una relación domina, suele prestarse poca atención a la persona del otro. Durante la etapa de contacto el foco está puesto en los rasgos —alto, rubio, universitario, etc. — ahora se trata de reconocer y registrar ciertos valores, como por ejemplo si es posible tener una conversación interesante, o de observar cómo la persona se relaciona con sus semejantes. Quien quiera conocer realmente a otras personas precisa de facultades personales como idoneidad perceptiva, conocimiento de la naturaleza humana, valores de referencia y una gran disposición para la reflexión.

Conocer las características estructurales de Internet en cuanto medio de información es un aspecto decisivo de la prevención, igual que conocer los motivos del otro.

No confundir información con vivencia ni suponer que los contactos son relaciones puede evitar desilusiones y experiencias desagradables.

Proyecto de vida y elección de pareja

Ya durante la infancia surgen vagas expectativas e ideas acerca de la propia vida que, más tarde, durante la juventud, van tomando forma y se hacen concretas en la edad adulta.Aquello que durante mucho tiempo parece no tener método, frecuentemente revela a posteriori un esbozo claro que desemboca en la planificación de la propia vida con la intención de hacer realidad los objetivos establecidos.

Los primeros proyectos de vida, aún inmaduros, surgen de la aprobación o el rechazo más bien inconsciente de la propia constelación familiar; en todo caso, están fuertemente marcados por el estilo de vida de los padres, el entorno, los valores culturales y las tradiciones en el marco de los cuales se crece.

El proyecto de vida propio e individual es el fruto de decisiones posteriores y conscientes, que surgen del análisis del propio ser y de la propia escala de valores. Más adelante vincularemos el proyecto de vida propio a la elección de pareja. Ahora proponemos al lector algunas preguntas generales relacionadas con el proyecto individual de vida:

¿Puede reconocer Ud. un proyecto de vida propio, un «hilo conductor» que atraviesa toda su vida? Ese hilo conductor, ¿es fruto de sus decisiones o de la casualidad? Ese proyecto de vida, ¿corresponde a su esencia, a su personalidad?

¿Qué es lo que siempre le ha parecido importante?
¿Ha cambiado sus planes alguna vez o a menudo, y por qué?

¿Reconoce una escala de valores clara en su vida?

¿Qué valores le parecen irrenunciables también en el futuro?

¿Qué sabe hacer bien, para qué tiene talento?

¿Cómo quiere gestionar sus posibilidades en el futuro?

¿Por qué lucharía?

¿Cuáles serán sus futuros compromisos?

¿Qué desafíos desea plantearse, qué visiones duermen en su interior?

Conociendo su propio proyecto de vida conseguirá una orientación interior que será de gran ayuda para reconocer qué tipo de pareja encaja en ese proyecto.

Conocerse profundamente antes de comprometerse seriamente

El que vaya a atarse para siempre,
¡que pruebe antes, si el corazón se aviene al corazón!

Friedrich Schiller - El canto de la campana (1799)

Encontrar a la pareja adecuada y proyectar una relación de pareja que tenga buenas posibilidades de perdurar constituye un gran desafío. No puede haber seguridad acerca del éxito de una relación, pero sí es posible evitar ciertos errores típicos.

Partiendo del proyecto de vida, tanto para el caso de una relación ya existente como para una relación futura, es posible determinar cuáles son los ámbitos en los que se verifica una correspondencia con los intereses y el papel del otro miembro de la pareja, y en cuáles amenaza la incompatibilidad. Una relación puede ser duradera solo cuando los proyectos de vida de ambos miembros de la pareja son compatibles y favorecen la comunicación.

Objetivos comunes

Es absolutamente necesario compartir objetivos esenciales del proyecto de vida. Si esto no ocurre, uno de los miembros de la pareja tendrá que renunciar a los suyos y seguramente tendrá la sensación de haber desaprovechado algo de fundamental importancia para su existencia. O, por el contrario, impondrá al otro su propio proyecto de vida, lo cual limitará la libertad y el proyecto de vida del otro. En el ámbito de los objetivos irrenunciables no puede llegarse a un compromiso satisfactorio sin consenso: en todos los casos, uno de los dos pierde y ambos sufren.

En otros ámbitos del proyecto de vida común (intereses, estilo de vida, amigos, posturas religiosas y sociopolíticas, etc.) es conveniente que el otro miembro de la pareja tenga intenciones y comportamientos similares, aunque un consenso total no parece necesario pues en estos ámbitos es más fácil llegar a compromisos satisfactorios aunque también puedan revelarse como fundamentales para la identidad de la pareja y ser terrenos de conflicto.

Ni las similitudes ni las diferencias están siempre a la vista; son necesarios una exploración y un análisis precisos de los motivos del otro para no engañarse ni en un sentido positivo ni en un sentido negativo, como demuestra este ejemplo:

El Sr. y la Sra. K. se conocieron hace 12 años en un seminario y trabaron conversación, aunque no se conocían.

Por su aspecto y sus gustos, él no correspondía a las expectativas que ella tenía de una pareja. Sin embargo, no perdieron el contacto y frecuentemente mantuvieron largas conversaciones sobre los temas más variados, que fueron revelando intereses comunes que sorprendieron a ambos.

Sus diferencias despertaron mutua curiosidad. Poco a poco fueron descubriendo valores comunes en relación a la profesión, la cultura, los viajes y el deporte, además de una sorprendente coincidencia en su visión de la vida. Diversas crisis y conflictos en los que demostraron su mutua lealtad y apoyo consolidaron la amistad.

El aprecio mutuo y la buena comunicación condujeron finalmente a un profundo amor.

El Sr. y la Sra. K. opinan que jamás tuvieron falsas expectativas el uno del otro y que por esa razón no se sintieron nunca decepcionados. Ser diferentes fue un hecho afortunado, pues gracias a ello se conocieron y no dieron nada por descontado.

Sexualidad

Cuando hacemos un análisis de las posibilidades de una pareja, éste incluye un análisis de la sexualidad, un aspecto elemental y vital para las personas, que las acompaña durante toda la vida. La sexualidad es un fenómeno en sí mismo, que concierne y afecta de alguna manera a todos los individuos. No obstante, en la mayoría de los casos se aplica otros criterios para elegir pareja, y la falta de armonía en el ámbito de las necesidades sexuales y eróticas, muchas veces evidente, se ignora o subestima.

En nuestra opinión, la elección de pareja también debería tomar en consideración los aspectos sexuales y eróticos, y toda preparación para un matrimonio debería considerar la importancia de la sexualidad tanto para cada uno de los miembros de la pareja como para la pareja. Una comunicación sexual insatisfactoria o insuficiente es el fenómeno que más frecuentemente lleva a la infidelidad, por lo que un análisis profiláctico del amor y la sexualidad realizado a tiempo puede evitar numerosas decepciones. Muchas aventuras motivadas por la sexualidad conducen a la separación de la pareja (y de los hijos), que puede ser muy dolorosa y tener graves consecuencias.

Un matrimonio casado hace diez años acude a terapia de pareja en un momento de crisis. Pronto se desvela que la crisis es crónica y el resultado de proyectos de vida irreconciliables. El amor del principio se ha transformado en amor-odio, pues cada uno exige al otro algo que el otro no está dispuesto a dar. La Sra. B. siempre quiso tener hijos y ha impuesto su proyecto de vida contra la voluntad de su esposo. El Sr. B. quería disfrutar de la vida junto a su esposa como amante y compañera, practicar buen sexo y viajar. Tras el nacimiento del primer hijo, la pareja compró una casa y se endeudó a largo plazo. Vive ahora al borde de la pobreza y rara vez puede permitirse unas vacaciones. Para el Sr. B., la pareja debía ser lo más importante, mientras que para la Sra. B. lo primero son los hijos. El Sr. B. tiene grandes dificultades para aceptar a sus hijos, que le han quitado la atención de su esposa y su libertad.

El sexo juega un papel importante para el Sr. B.; no obstante, se casó con la Sra. B., a quien esto produce asco y quien se siente constantemente presionada por su esposo. No ha habido una sexualidad satisfactoria para ambos en ninguna etapa de la relación. Desde el principio, la Sra. B. padecía fuertes dolores durante el acto sexual y sufre de anorgasmia. Por la vida que ella le ha «impuesto», el Sr. B. se venga engañándola constantemente. Ambos presentan, además, diversos síntomas psicosomáticos.

Aunque esta pareja permaneció unida y asumió importantes obligaciones, interiormente está en proceso de separación desde hace años.

Desde el punto de vista de la terapia de pareja, este matrimonio presenta un muy mal pronóstico, pues ambos tienen valores inamovibles cuya realización es parte de la esencia de cada uno.

Entrevistas con jóvenes parejas

El Instituto de Asesoramiento a la Pareja ha realizado una serie de entrevistas con parejas jóvenes de edades comprendidas entre los 20 y los 28 años. Nos interesaba saber si hoy en día los jóvenes eligen sus parejas de forma más consciente y si trazan sus proyectos de vida con criterios diferentes a los que aplicaban sus padres y abuelos.

A continuación presentamos algunos casos de jóvenes parejas que se encuentran frente a un gran cambio en sus vidas o que acaban de vivirlo. Las entrevistas se enfocaron sobre todo en las aptitudes para la comunicación y la gestión de los conflictos de pareja, y en las escalas de valores propia y común. Quisimos saber cómo las parejas jóvenes gestionan los proyectos de vida y los cambios, y además analizar si ya se reconocen, aunque sea de manera vaga, los posibles ámbitos de conflicto y los puntos débiles, pues la calidad de la relación se establece desde los comienzos.

Caso 1

«Todo se habla y se planifica conjuntamente».

La Sra. E. y el Sr. S. (de 22 y 24 años, respectivamente) son pareja hace cuatro años. Tras dos años de relación a distancia, viven juntos desde hace dos años en una vivienda en casa de los padres de él, donde se sienten muy a gusto. Nunca ha habido grandes discrepancias respecto a los planes de futuro, todo se habla y se planifica conjuntamente. Ambos quieren fundar una familia y pasar la vida juntos. La Sra. E. está embarazada de 8 meses y la pareja no ve la hora de que el niño llegue. Planifican casarse al año siguiente y, dentro de tres o cinco años, construir una casa propia. Tienen una cuenta bancaria común y no piensan hacer separación de bienes, pues para ambos esto equivaldría a una expresión de desconfianza. Por lo general hay mucha comunicación y todas las decisiones se hablan con el otro miembro de la pareja.

La transición del enamoramiento al amor fue reconocible solo a posteriori y ambos prefieren el «estado de amor», pues éste corresponde mejor a la idea que ambos tienen de una relación. La relación a distancia les resultaba agotadora y, desde que viven juntos, tienen menos problemas y se sienten más seguros.

Ambos creen que serían capaces de separarse si la relación se tornara infeliz, pero hasta el momento no se ha considerado la posibilidad de hacerlo ni se ha reflexionado acerca del comportamiento de cada uno en caso de separación.

La opinión de la respectiva familia política sobre cada miembro de la pareja es importante para ambos y nunca ha habido problemas en ese sentido.

La sexualidad es un elemento importante para la relación. Una base sexual es necesaria en la opinión de ambos, que hablan amplia y abiertamente del tema.

Cada uno conoce la conducta del otro frente a un conflicto y, en ocasiones, ha influenciado el desarrollo de las discusiones de acuerdo con esto. Hasta el momento no se ha presentado ningún conflicto grave en la relación, pero no existe el temor a enfrentarlo, pues la relación es muy sólida. Las situaciones conflictivas se abordan de inmediato. Respecto a este tipo de situaciones, ambos coinciden en que «el otro miembro de la pareja es el principal confidente».

La elección de pareja no fue consciente y no sabrían decir cuándo fue hecha. Los proyectos de vida de ambos coincidieron desde el inicio, pero en principio fue una decisión emocional. Ambos conocen las razones por las que están juntos hace tanto tiempo, pero no pueden verbalizarlas, pues sienten que no hay palabras adecuadas para hacerlo.

Algunos cambios vitales y ciertas situaciones difíciles (muerte de un pariente, problemas laborales) fueron sobrellevados y resueltos conjuntamente. Ambos consideran absolutamente necesario trabajar en la relación de pareja y siempre ponen cuidado para evitar asuntos potencialmente conflictivos.

Llama la atención positivamente que haya buenas perspectivas y gran claridad respecto al proyecto de vida, sobre el que se habla abundantemente. Ambos quieren fundar una familia de común acuerdo y planifican juntos los pasos necesarios para hacerlo.

Para un autoasesoramiento preventivo, ¿cuáles serían los aspectos sobre los que esta pareja podría reflexionar?

Un punto débil podría radicar precisamente en los valores más destacados, como la familia, la seguridad y la unidad. Debido al consenso total sobre el proyecto de vida, la relación parece casi demasiado perfecta, pues no existe ningún desacuerdo.

La Sra. E. y el Sr. S. invierten actualmente todos sus esfuerzos en crear un hogar lleno de amor, seguridad y amparo para ellos y sus hijos. Precisamente el hecho de que el ámbito familiar sea tan dominante podría transformarse en un problema: cuando un valor se destaca tanto, uno debería preguntarse qué quedaría en el caso de que éste desapareciera o de que se sufriera una decepción.

La Sra. E. se mudó desde la casa de sus padres directamente a la casa de la familia de su compañero y fundó su propia familia a una edad muy temprana. El caso del Sr. S. es parecido: él también tiene un fuerte vínculo emocional con sus padres y, una vez terminados sus estudios, regresó a la casa paterna. La fase del enamoramiento fue estresante para ambos, pues la seguridad es muy valorada y la inseguridad mal soportada.

Desde un punto de vista preventivo se aconsejaría a esta pareja dar un mayor espacio a lo individual y, a pesar de las buenas relaciones familiares, poner un mayor acento en la relación de pareja. Actualmente, valores como la amistad o los propios intereses ocupan un segundo plano y no tienen demasiada importancia. Dentro de algunos años, cuando los niños hayan crecido y sean independientes, esto podría causar insatisfacción.

Los miembros de la pareja podrían reflexionar y ocuparse más de sí mismos. Las siguientes preguntas podrían resultar útiles:

¿Soy capaz de aprovechar el tiempo también cuando estoy solo? ¿Cuáles son mis intereses personales, además de mi familia? ¿Podría pasar algún tiempo separado de mi pareja / de mi familia? ¿Qué tipo de vida llevaríamos si no tuviéramos hijos?

Caso 2

«Hoy también nos elegiríamos mutuamente».

La relación entre la Sra. L. y el Sr. W. (de 23 y 26 años respectivamente) es aún muy reciente. Están juntos desde hace un año y se ven, además de durante las vacaciones, solo durante los fines de semana, pues la Sra. L. estudia en otra ciudad. Ya existe el deseo de compartir una vivienda, pero la formación durará otros dos años y, por eso, seguirán viviendo separados. Cuando la Sra. L. haya completado su formación, si la relación continúa como hasta ahora, buscarán una vivienda común.

Los planes para un futuro común a largo plazo son aún muy vagos, pues muchos factores todavía no están claros, pero ambos disfrutan construyendo castillos en el aire. Se habla con relativa frecuencia sobre los deseos del otro en relación al futuro y en este ámbito no se presentan grandes discrepancias.

La elección de pareja del Sr. W. fue consciente: él conquistó a la Sra. L. No obstante, la pareja afirma: «Hoy también nos elegiríamos mutuamente».

Describen un enorme cambio ocurrido hace aproximadamente cuatro meses entre la etapa de acercamiento y enamoramiento, y el estado actual de la relación: «Nos sentimos más seguros el uno con el otro, la confianza ha aumentado, nos hemos acercado y la relación ha ganado valor. Ahora, la sensación de tener pareja es aún más fuerte».

Se ha reflexionado y hablado sobre la posibilidad de separarse y sobre determinados aspectos (por ejemplo, fue acordado un trato mutuo justo y respetuoso para el caso). No existen problemas financieros, tampoco propiedades ni gastos en común.

La pérdida del amor o la indiferencia hacia el otro serían para ambos razón de separación, pues no se desea infligir al otro nada de esto. «No lo merece», opinan ambos.

Superada la etapa de acercamiento, el sexo se ha hecho más fluido, relajado y variado, y es un elemento de la relación satisfactorio y esencial. No ha habido aún ningún conflicto importante en la relación, estos se limitan a pequeñas disputas, que también podrían describirse como discusiones acaloradas. A la Sra. L. le gusta provocar y el Sr. W. suele mantener la objetividad. Ambos consideran importante tratarse mutuamente con respeto también en situaciones de conflicto. «Es mucho más fructífero discutir hasta encontrar una solución que chillar sin sentido hasta ofenderse mutuamente», dicen.

Actualmente, la pareja intenta desarrollar un sistema a este respecto y se ha acostumbrado a retomar las diferencias de opinión al día siguiente de la discusión para asegurarse de que no perduren sentimientos negativos. Ambos conocen las razones por las que están con el otro, se complementan bien, se apoyan mutuamente e intentan instaurar un equilibrio justo entre dar y recibir.

En este caso se valora muy positivamente que se pueda hablar con franqueza acerca de un futuro individual y no todo se subordine a un futuro común. Todavía no existen dependencias, sino muchas opciones: la relación multiplica las posibilidades, no las reduce. En esta relación, el desarrollo personal sin limitaciones todavía es posible: por ejemplo, pasar un año trabajando en el extranjero, una posibilidad impensable para algunas parejas que ya están sumidas en una rutina.

Resumiendo, puede decirse que la Sra. L. y el Sr. W. han gestionado la transición del enamoramiento al amor conservando sus sentimientos. De las respuestas y afirmaciones de ambos puede concluirse que, a pesar de la visión rosa de la etapa del enamoramiento, han podido evaluarse mutuamente de manera realista y la elección de pareja ha sido muy feliz.

Caso 3
«Fue como caer sobre una red»
La Sra. A. y el Sr. N. (de 24 y 27 años respectivamente) viven una feliz relación desde hace cuatro años. Tras un año de relación se mudaron juntos. Están muy satisfechos y ya no pueden imaginar vivir separados. Tienen proyectos comunes muy realistas que involucran asuntos relacionados con la profesión y el deseo de tener hijos. No

obstante, esperarán para realizarlos, ya que los recursos financieros (para una vivienda de propiedad, para los hijos, etc.) aún no son suficientes. Pero la decisión de abordar un futuro común está tomada. Tras la transición del enamoramiento al amor, la relación se ha hecho más intensa e íntima. La sexualidad es un elemento importante de la misma, sobre el que se habla con franqueza, aunque la frecuencia con la que se practica ha disminuido desde el principio de la relación. La elección de pareja no fue consciente al inicio, pero sí lo fue la decisión de permanecer juntos. Ambos consideran de gran importancia trabajar en la construcción de la relación y no darla por descontado.

En una ocasión se reflexionó sobre una posible separación, y existe la conciencia de que la relación podría llegar a su fin. Ambos transmiten la impresión de poder salir adelante solos y su afirmación acerca de que están en condiciones de terminar una relación infeliz resulta creíble.

Han vivido diversas experiencias de separaciones, lamentablemente muy dolorosas.

Hace un año, tras la pérdida de un pariente cercano, la Sra. A. atravesó una etapa muy difícil. Ella misma subraya: «Sin el apoyo de mi pareja jamás habría logrado salir adelante». Durante esa etapa, el Sr. N. intentó no solamente facilitarle la vida, sino que frecuentemente invirtió su tiempo en mantener largas conversaciones, se tomó en serio todos sus miedos y siempre estuvo a su lado.

La Sra. A. dice: «De pronto se mostró muy fuerte, una faceta que yo no le conocía. Fue como caer sobre una red. Yo no necesitaba palabras, solo amparo».

Aquella etapa también fue difícil para el Sr. N.: «Yo estaba agotado, pero sabía que ella me necesitaba. Frecuentemente solo me sentaba a su lado sin decir nada. No podía hacer desaparecer su dolor, por eso simplemente permanecía a su lado».

Ambos coinciden en que ese golpe del destino los acercó aún más y consolidó su relación, pues en ese tipo de situaciones realmente se conoce al otro.

Es frecuente que las personas no puedan confiar en su pareja en situaciones difíciles o de crisis. No es el caso del ejemplo que acabamos de describir. En él observamos apoyo tanto práctico como emocional. En la vida casi nadie se salva de afrontar una gran pérdida o un golpe del destino. Estos cambios inesperados suelen poner a prueba las relaciones. Por lo general, la vida de uno de los integrantes cambia de forma radical, haciendo tambalearse también los cimientos de la relación.

Quizá porque es algo que nos puede ocurrir a todos en cualquier momento, es recomendable reflexionar sobre el tema de forma preventiva:

¿Sé cómo me comportaría yo o cómo se comportaría mi pareja en una situación de crisis?

¿Cuáles son mis ideas acerca de la enfermedad, el sufrimiento y la muerte?

¿Sé lo que piensa mi pareja sobre estos temas?

¿Hemos hablado de cómo nos comportaríamos en una situación difícil?

¿Intentaré siempre encontrar un lugar en mi vida para mi pareja?

Mi pareja, ¿me apoya cuando no me va bien?

¿Lo hago yo también?

Para la Sra. A. y el Sr. N., el apoyo y la atención estuvieron siempre presentes en la relación en cuanto valores sociales importantes y así pudieron resistir a una dura prueba de la realidad. Pues como dijera el Sr. N.: «No hay nada peor que tener a alguien y sin embargo estar solo».

Caso 4

«Tengo un mal presentimiento...»

La Sra. S. y el Sr. G. (de 28 y 26 años respectivamente) son pareja desde hace dos años. Se mudaron juntos relativamente rápido. El Sr. G. tiene una profesión interesante y fuera de lo común, por lo que tanto el lugar de residencia como el estilo de vida se adaptaron a sus perspectivas laborales desde un principio. La Sra. S. ama la profesión de su compañero y lo estimula mucho. Más allá de las perspectivas laborales, los planes de futuro son aún muy vagos, aunque ambos suelen soñar despiertos.

Tras aproximadamente medio año, una fecha que coincidió con el momento en el que se instalaron en la vivienda común, la pareja pudo constatar una transición entre el enamoramiento y el amor. Los valores y las prioridades se cristalizaron y dieron paso a la rutina.

La posibilidad de separarse no ha sido considerada. No se ha hablado del asunto ni se ha planteado como posible escenario.

La sexualidad juega un papel subordinado en la relación, y la frecuencia de los encuentros ha disminuido notablemente desde el comienzo.

La pareja no suele pelear, aunque el Sr. G. tiende a callar cuando un conflicto se perfila. No obstante, se ha encontrado soluciones a algunos problemas y la pareja afirma: «Armonizamos muy bien».

Actualmente, la Sra. S. y el Sr. G. afrontan una etapa de cambio: La Sra. S. ha decidido dedicar más tiempo a su formación profesional y pasará la semana en otra ciudad. La rutina cotidiana se transformará en una relación a distancia durante por lo menos un año.

El tema no preocupa al Sr. G., quien dice: «No tengo miedo. Un poco de distancia puede ser bueno para la relación».

La Sra. S. lo ve de manera algo diferente y reconoce: «Tengo un mal presentimiento. Si no fuera por mi formación, no modificaría la situación actual». La Sra. S. teme que la relación se vea afectada por la distancia y no confía en la fidelidad de su compañero. El Sr. G. calla sobre el asunto.

A pesar de los evidentes temores, la pareja no habla demasiado sobre los cambios que se aproximan. Han decidido sencillamente dar el paso y esperar para ver cómo se desarrolla la situación.

En el caso de las parejas jóvenes es frecuente que, en pocos años, se pase por diversas etapas de desarrollo que ponen la relación a prueba repetidamente. Se concluyen los estudios o se comienza una formación, se abandona el hogar paterno, se cambia de residencia o se da inicio a la vida profesional.

La Sra. S. y el Sr. G. se encuentran actualmente frente a uno de esos cambios vitales. Su comunicación no parece ser franca, sino reservada; ni los proyectos de vida de cada uno de los integrantes de la pareja ni los conflictos existentes o previsibles se exponen al otro. De manera casi fatalista, la pareja ha decidido sencillamente esperar y no anticiparse a los acontecimientos.

Desde el punto de vista de la prevención, esta actitud es nefasta, pues es precisamente en las etapas de cambio cuando se debería intercambiar ideas con mayor intensidad de lo habitual y tratar los temas potencialmente conflictivos, para que el cambio pueda ser un aporte para la relación y no el artífice de su final.

Más allá de una intensificación general de la comunicación, la pareja de este caso debería plantearse qué ocurriría si el Sr. G. no pudiera seguir ejerciendo su interesante profesión. Ambos aman su actividad y ésta determina en gran medida la organización de sus vidas. La Sra. S. debería preguntarse qué le interesa de su compañero más allá de su profesión, y si también lo incentivaría en otros ámbitos.

¿Qué consecuencias tendrá para la relación la separación física?
¿Se ha hablado lo suficiente acerca de los miedos relacionados con la infidelidad?
¿Qué cambiará cuando la Sra. S. haya terminado sus estudios?
¿Qué metas profesionales se persiguen?
¿Se piensa formar una familia? En caso positivo: ¿Es este propósito compatible con los objetivos profesionales de ambos?

Resumiendo, la evaluación de las entrevistas ha arrojado que las reflexiones preventivas relacionadas con la elección de pareja y la construcción de la relación juegan un papel subordinado en las parejas jóvenes. Este diagnóstico no corresponde a una clase social en particular, es decir que ni el estrato social, ni la educación ni la situación económica juegan papel alguno en los casos de las parejas entrevistadas. El proceso de formación de pareja ocurre de manera casual y azarosa, y solo excepcionalmente es el resultado de procesos de decisión lógicos. Muchas parejas declaran que el enamoramiento ha sido el motivo para la formación de la pareja, que se entregaron rápidamente a la vida en común y que pasado relativamente poco tiempo se transformaron en una pareja «vieja» con atribuciones y actitudes conservadoras. Solo pocas parejas prueban formas de vida individuales, flexibles o emocionantes, y se tiende a reaccionar frente a las circunstancias. La mayoría de las parejas no ha aprendido a gestionar conflictos ni crisis, y la posibilidad de una posible separación futura es reprimida y banalizada.

Este diagnóstico es idéntico al que hemos recogido durante el asesoramiento y la terapia de pareja con personas con más años de edad. Los ámbitos de conflicto, que a menudo se evidencian después de algunos años de vida en común (normalmente, en una primera etapa se consolida la economía y se funda una familia) se originan muy frecuentemente en procesos no evaluados durante la formación de la relación y en una falta de análisis de las posibilidades del proyecto de vida.

Tomando en consideración esta situación, hemos añadido a la mayoría de las exposiciones temáticas preguntas para incentivar la autorreflexión. Además, hemos ordenado las indicaciones de tal manera que las parejas puedan debatir continuamente sobre temas decisivos o esenciales de la relación.

Suponiendo que exista franqueza y capacidad para el diálogo, la reflexión conjunta y las respuestas a estas preguntas aportarán nuevos puntos de vista interesantes para la vida en pareja y asimismo impulsarán cambios deseables. Nuestra experiencia ha demostrado que reflexionar sobre estas cuestiones posee un carácter psicohigiénico, es decir una función purificadora para la relación, que muchas veces hace que un asesoramiento profesional no sea necesario o el largo proceso de una terapia de pareja se reduzca considerablemente.

Así, la responsabilidad de un cuidado concienzudo de la relación y la solución de problemas recae en buena parte sobre las parejas.

Modelos de proyectos de vida

Los proyectos de vida deben armonizar diferentes ámbitos de una relación, si bien los dos elementos más importantes son la profesión y la relación entre la profesión y la familia.

El análisis de los siguientes cuatro modelos puede concienciar acerca de las consecuencias que tiene la elección de uno de ellos para la futura vida en pareja.

Modelo 1: La familia se antepone a la profesión

La Sra. M. siempre había deseado tener muchos hijos y encontró un compañero que también aspiraba a esta forma tradicional de relación. El Sr. M. está orgulloso de poder ofrecer a su familia y a sus hijos un hogar estable con una persona de referencia constantemente presente.

Profesionalmente afronta muchas exigencias, pero se esfuerza por estar presente en las comidas y tener tiempo para sus hijos durante los fines de semana. Por lo general, la Sra. M. pasa las vacaciones sola con sus hijos.

En este caso, la prioridad es el mejor desarrollo posible de los hijos y corresponde a los papeles tradicionales del hombre y de la mujer: la mujer desea realizarse como madre y ama de casa, y el hombre, el único que percibe ingresos, alimenta a la familia.

Una de las desventajas de este modelo consiste en que el hombre, en una situación conflictiva, puede usar su superioridad económica como un as en la manga. Por otra parte, puede ser necesario vivir de forma austera si el cabeza de familia deja de ganar lo suficiente.

Preguntas desde el punto de vista del hombre:

— *¿Quiero una mujer que se ocupe solamente de criar a los hijos? A largo plazo, ¿qué consecuencias puede tener este hecho sobre nuestra comunicación?*

Preguntas desde el punto de vista de la mujer:

— *¿Tengo conciencia de que mi marido debe consagrarse a su profesión y probablemente pueda dedicar poco tiempo a la familia?*

— *¿Cuáles son las ventajas y las desventajas de la profesión de mi consorte?*

— *¿Qué repercusiones tiene esa profesión en nuestra comunicación?*

— *¿Qué círculo de amistades trae consigo su posición laboral?*

— *¿Me gusta la imagen de esa profesión?*

— *¿Qué cargas trae consigo la profesión de mi consorte?*

Preguntas para ambos:

— *¿Somos conscientes de que tendremos poco tiempo para estar solos?*

— *¿Qué importancia atribuimos al bienestar material?*

— *¿Qué será de nuestro mundo compartido cuando los niños crezcan y hayan abandonado el hogar?*

Modelo 2: La carrera se antepone a la familia

Durante sus estudios, la Sra. A. trabajaba en una empresa en la que obtuvo un empleo fijo con buenas perspectivas de hacer carrera.

En la empresa conoció a su compañero, un joven muy exitoso y prometedor. Ambos se identifican plenamente con su profesión y no quieren tener hijos.

Su objetivo es trabajar duramente durante algunos años e invertir el capital ahorrado de modo de poder retirarse pronto y dedicarse a disfrutar de la vida.

El proyecto de vida de esta pareja contempla en primer lugar la independencia económica y una abundante jubilación anticipada.

En un sentido general, el éxito profesional es lo primero para ambos, tanto para alcanzar la independencia material y social como por vocación.

La posibilidad de fundar una familia está definitivamente excluida, dado que los niños serían un obstáculo para la carrera y el éxito económico.

Los peligros que encierra este modelo son:

— la identificación excesiva con el éxito profesional

— la ancianidad, cuando una persona ya no puede definirse a través del trabajo

— la soledad, cuando no existen vínculos familiares o sociales.

Preguntas para ambos:

— *¿Cómo actuaré si la carrera se interrumpe?*

— *¿Qué compensaciones puedo tener si no alcanzo el éxito?*

— *Mi consorte, ¿lo entendería?*

Modelo 3: Equivalencia de familia y profesión

El Sr. y la Sra. H., una pareja de profesionales universitarios, deciden fundar una familia, aunque conscientes de que ninguno quiere abandonar el ejercicio de su profesión. Los ingresos del Sr. H. son considerablemente mayores a los de la Sra. H., de modo que la Sra. H. asume la mayor parte de la baja por maternidad. Cuando retoma su actividad profesional, el Sr. H. se ocupa durante algún tiempo de los niños. Luego, ambos intentan organizar sus horarios laborales para no tener que dejar a los hijos demasiado tiempo en manos ajenas.

Este modelo, de acuerdo con el cual las parejas deciden renunciar temporalmente a su actividad profesional durante el nacimiento y la crianza de uno o más niños, se está haciendo cada vez más frecuente.

Requiere una buena organización de la rutina, profesiones o empleos que permitan una distribución flexible del tiempo, y un interés no excesivo por la carrera o la disposición a renunciar a ella por parte de ambos. Ambos deben sentirse responsables tanto por la crianza de los niños y las tareas domésticas como por los ingresos familiares.

No solo la paridad entre familia y profesión está en primer plano, sino también la paridad entre hombre y mujer.

En este modelo, ambos son responsables de todo, y son necesarias una gran capacidad para gestionar conflictos, disposición para los compromisos y estabilidad emocional por parte de ambos.

Preguntas para la pareja:

— *¿Contamos con la ayuda de otras personas para el cuidado de los niños?*

— *Como mujer, ¿estoy segura de que me será posible retomar mi profesión?*

— *¿Es seguro que mi esposo colaborará en las tareas familiares?*

Modelo 4: Proyecto de vida abierto

La Sra. G., austríaca, y el Sr. C., alemán, se conocen y enamoran durante unas vacaciones. La Sra. G. busca trabajo en Alemania y consigue un puesto en Múnich.

En aquel entonces, el Sr. C. estudia en el norte de Alemania. Tras el primer semestre pide su traslado a la Universidad de Múnich. Durante varios años, la Sra. G. gana el sustento para ambos, asiste al bachillerato nocturno y consigue su título.

El Sr. C. obtiene su doctorado y la pareja se casa. El Sr. C. comienza a trabajar y su esposa a estudiar.

Un año más tarde, el Sr. C. recibe una oferta de trabajo interesante en EEUU y se traslada a Boston. La Sra. C. renuncia a su empleo, organiza la mudanza y abandona Múnich para seguirlo algunos meses más tarde. En EEUU retoma sus estudios y es entonces subvencionada por su marido.

Ninguno de los dos sabe si se quedarán en EEUU. Tampoco descartan, en algún momento futuro, adoptar un niño.

En este tipo de relación, las prioridades básicas «familia» y «profesión» se disuelven; los integrantes de la pareja se organizan de manera individual y buscan soluciones positivas y adecuadas para su vida. Para hacerlo es necesario poseer un grado muy avanzado de flexibilidad y talento para la organización pues en ningún momento se impone un reparto de papeles conocido.

Se da por descontado que ambos miembros de la pareja tienen el mismo derecho a desarrollarse y evolucionar.

En principio, todo es posible: etapas en las que ambos trabajan, etapas en las que ninguno de los dos trabaja y etapas en las que uno sustenta al otro.

Este modelo requiere un importante grado de amistad y confianza, pero también de capacidad para gestionar conflictos, pues ningún otro modelo presenta tantos ámbitos de decisión como éste.

Esta forma de vida requiere:
— Determinación
— Aptitud para el desprendimiento
— Independencia emocional

— Sostén (arraigo) en uno mismo

— Autonomía

— Alto grado de responsabilidad propia

— Capacidad para improvisar

Para concluir deseamos señalar que los proyectos de vida siempre reflejan tendencias y de ningún modo pueden acabar en modelos fijos o fijaciones, pues esto conduciría a formas de tiranía.

En las relaciones, la libertad personal de reformular proyectos de vida debería permanecer siempre vigente junto con una actitud básicamente abierta. Como siempre en la vida, se trata de encontrar un justo equilibrio entre el libre albedrío, la razón y la fascinación del amor.

La construcción de la relación

La cotidianidad del amor, o los obstáculos que presenta la planicie

A la primera y embriagadora etapa del enamoramiento sigue una etapa de desencanto. No todas las parejas logran superar este obstáculo y acceder a la cotidianidad.

El enamoramiento parece obra del destino: se tiene la sensación de que ocurre sin nuestra participación. De pronto nos tiemblan las rodillas, nos «saltan los fusibles», sentimos que hemos nacido el uno para el otro. El estado de enamoramiento tiene efectos sobre todo en la persona que se ha enamorado: se siente mejor, más saludable, más atractiva. Estar enamorado incide sobre todo en uno mismo.

El amor, por el contrario, no es solo un sentimiento, sino también una actitud desde la que tratamos a otra persona. Solo a través del amor, la otra persona adquiere importancia para nosotros, y a través del amor la vemos de forma realista, con todas las virtudes y defectos por los que, o a pesar de los cuales, la apreciamos.

La imprecisa afirmación «Estamos hechos el uno para el otro» abre paso a una aserción mucho más específica: «Te quiero tal como eres». Esta expresa la elección consciente y responsable de esa persona, que consideramos inconfundible, única y excepcional.

El que ama tiene buenas razones para haber elegido a esa persona y, cuando ambos integrantes de una pareja tienen buenas razones para querer construir su vida juntos, la relación reposa sobre buenos fundamentos.

Estar juntos sin que exista una razón real para ello puede compararse a una casa sin cimientos o a un árbol sin raíces, pues esas raíces comunes son necesarias para no dejar de creer en la elección del otro como compañero de vida.

El que ama sabe por qué vale la pena preocuparse precisamente por esa persona y por esa relación. Conocer el valor de la relación constituye una base sólida que mantiene su firmeza también en tiempos difíciles.

El enamoramiento, un «fenómeno natural» impredecible, se transforma entonces en un proceso cultural que requiere un trabajo consciente por parte de los involucrados.

Una de las mayores dificultades que enfrentan las relaciones es encontrar el equilibrio entre proximidad y distancia. Por un lado, el amor requiere una proximidad total, una familiaridad total, una comunicación total; por el otro, son precisamente estos los elementos que suelen acabar con él, pues la identificación y la fusión con el otro, y la intimidad ininterrumpida, hacen decaer el interés. La proximidad constante hace que el otro se haga demasiado conocido y en consecuencia poco interesante. Aquello que, al principio de una relación, producía encanto —determinadas expresiones corporales, una sonrisa, una mirada— ya ni siquiera se percibe. Se debilita el anhelo de compartirlo todo con la pareja y la proximidad constante se transforma en obligación. Una vez que la relación se da por descontada y no abre nuevos caminos, la exploración mutua llega a su fin y se abren paso el aburrimiento y la indiferencia.

Muchas personas evitan las relaciones estrechas, también porque presienten que el amor y el apego son de algún modo incompatibles.

Hoy en día, una relación es menos una cuestión económica que una decisión determinada por el amor. Gracias a ello han surgido numerosas formas de relacionarse, que permiten a las parejas regular de manera individual la proporción de proximidad y distancia.

Por ejemplo, muchas parejas prefieren no compartir la vivienda, para esquivar así el tedio de la rutina o la distribución clásica de papeles. La independencia de ambos miembros de la pareja y la distancia que ha de superarse cada vez para estar cerca del otro son recursos que mantienen viva la tensión en la relación.

Hoy en día, el amor es posible de muchas formas diversas, no solamente en el marco del vínculo tradicional e institucionalizado. Por un lado, esto otorga a las parejas una gran libertad para encontrar una forma de relación propia, pero por otro es causa de una inmensa inseguridad acerca de si aquello que se planifica vivir es «normal», «pasado de moda» o «egoísta».

«A diferencia de lo que ocurre con los animales, ningún instinto indica al ser humano qué debe hacer, y a diferencia de lo que ocurría con la humanidad en tiempos pasados, ya ninguna tradición le dicta cómo actuar —y ahora parece que no sabe exactamente lo que quiere»

VIKTOR FRANKL

El miedo de perder al otro es a menudo el motivo para atar a la pareja a través de la vida en común, el matrimonio, los hijos —es decir, a través de un entorno común— y es frecuente que la relación amorosa se deteriore precisamente a causa del cambio de papeles sociales: la amante se transforma en esposa, ama de casa y madre, cuyos intereses lógicamente ya no están centrados en el amante, sino que éste debe compartir la atención de su mujer con los niños que están creciendo. Además, por lo general, el esposo trabaja y los horarios habitualmente predeterminados reducen considerablemente la comunicación espontánea. Ésta es posible solo por la noche, cuando los niños han cenado y están en la cama y las tareas del hogar están hechas, un momento en el que ambos miembros de la pareja suelen estar demasiado cansados como para tener una conversación íntima.

La voluntad de tener una relación

Trabajar en la construcción de una relación implica una lucha constante contra las siguientes e importantes interferencias:

1. La cotidianidad de la relación: uno se torna desatento, descortés y ya no escucha, pues de todos modos ya conoce al otro; se abandona, el contacto físico se transforma en rutina, «mamá» y «papá» en papeles protagónicos estables.

2. La transformación constante de cada individuo y de la pareja desde fuera:

A través de la profesión, de la casa propia, de la fundación de una familia, de la convivencia con los suegros, de la renuncia a ejercer la profesión a causa de los niños, de limitaciones financieras o temporales, de cambios en la vida sexual, de procesos de envejecimiento, enfermedades, etc.

Estos ámbitos de conflicto deben ser tratados constantemente por los integrantes de la pareja, pues cada decisión personal trae cambios a la relación. Las siguientes preguntas deberían plantearse:

¿Se desea marginar la relación amorosa en favor de la fundación de una familia?

La mujer, ¿está dispuesta, por lo menos durante una etapa, a renunciar a una actividad autónoma, o se siente dependiente y prisionera en el papel de madre?

¿Qué importancia tienen la carrera, la vivienda propia, las vacaciones, el bienestar, el tiempo libre?

¿Qué precio se está dispuestos a pagar?

Los valores comunes, es decir, los pilares de la identidad de la pareja que se manifestaron al comienzo de la relación, deben ser preservados con esmero y su vigencia debe ser revisada de tanto en tanto. Si se planifica grandes cambios, las consecuencias en varios ámbitos de la vida se manifestarán con el tiempo, y los balances suelen resultar útiles (*¿Qué funciona particularmente bien en nuestro caso? ¿Qué queremos conservar de todos modos?*) del mismo modo que la información detallada y el esbozo de escenarios que permitan evaluar las consecuencias del cambio de manera realista.

Este caso lo ilustra:

Durante muchos años, el Sr. y la Sra. G. mantuvieron una relación excelente e igualitaria, compartieron muchos intereses y una visión similar de la vida (largos viajes al extranjero, estudios, amigos, vida en una comunidad, militancia política). Cuando ascendieron en el ámbito profesional, decidieron fundar una familia e irse a vivir al campo. El Sr. G. aportaba los ingresos económicos y compró una casa, la Sra. G. se dedicó a los dos niños y renunció a su empleo a causa del cambio de residencia. Mientras que el Sr. G. se sentía a sus anchas en su nuevo entorno y disfrutaba de ser propietario de una casa, la Sra. G. no lograba adaptarse, sufría de desarraigo y no podía adecuarse a los cambios en la relación. Todo esto la sumió en depresiones. Para muchos, su situación resulta incomprensible, pues ella ha participado en la decisión y tiene todo aquello a lo que se puede aspirar: bienestar económico, un alto estatus social, casa y jardín, niños bien educados y saludables, un esposo cariñoso.

La Sra. G. identifica la pérdida total de las estructuras como motivo de su depresión. Enumeramos a continuación los cambios estructurales que ha sufrido:

— La pareja amorosa se transformó en una pareja de padres con una distribución clásica de papeles.

— La mujer profesional, independiente económicamente y con una red de contactos sociales, se transformó en un ama de casa que vive aislada.

— La vida en la ciudad (los contactos, la vida social, los amigos y la cultura) fue sustituida por la vida en el campo.

— El estilo de vida cambió totalmente: La comunidad fue sustituida por una casa adosada, la vida «alternativa» por una vida burguesa.

— Los viajes cesaron y abrieron paso a una vida sedentaria.

Estos cambios, que han redefinido totalmente la relación, no afectan de forma negativa al Sr. G., mientras que la Sra. G., además, sufre por la pérdida de sus amigos y su alegría de vivir.

Las posiciones están fijas: La Sra. G. quisiera regresar a la ciudad, el Sr. G. quiere quedarse en el campo y la familia no debe separarse.

Una solución intermedia como una relación «de fin de semana» no satisface a ninguno de los dos. Actualmente se trabaja para encontrar una solución satisfactoria para todos los involucrados.

Comunicación atenta

Los valores y las prioridades cambian con el paso del tiempo, del mismo modo que los deseos, las exigencias y las expectativas respecto a una relación. Trabajar en la construcción de una relación requiere sobre todo comunicación, aunque esto pueda parecer un concepto muy amplio. Se trata de estar en contacto con el otro en todos los ámbitos e intercambiar ideas sobre uno mismo y el entorno común que se ha creado.

En la comunicación física, emocional e intelectual surgen elementos en común, carencias, contradicciones y posiblemente diferencias de nivel entre los integrantes de la pareja.

Una carencia en la comunicación que surge a consecuencia de la falta de compatibilidad en el ámbito emocional puede ser compensada por intereses comunes en el ámbito intelectual (por ejemplo, intereses profesionales o culturales). Del mismo modo, la incompatibilidad en el ámbito intelectual puede ser compensada por la armonía física.

La calidad de la comunicación en el ámbito emocional se manifiesta, por ejemplo, en la percepción de determinadas experiencias. Si se habla de la experiencia más adelante, puede manifestarse diferencias en los juicios, en la percepción y en el tratamiento del tema. Una pieza de teatro o unas vacaciones pueden representar un acontecimiento para uno de los miembros de la pareja, mientras que para el otro pueden ser un hecho rutinario. No es suficiente, por lo tanto, emprender actividades comunes de manera solamente «funcional»; lo decisivo para la percepción del suceso es la actitud personal de cada uno hacia sí mismo, hacia el otro, hacia la relación y hacia la experiencia en sí.

Para dar una oportunidad al amor en medio de la rutina, debe mantenerse un ambiente de franqueza y familiaridad, además de un trato que propicie la autoestima.

La comunicación atenta implica percibir la persona del otro, tomar nota de lo que parece obvio y comunicarlo, reconocer las posibilidades del otro y fomentarlas.

El aprecio hacia el otro debe expresarse de manera tanto no verbal (tomándose tiempo para el otro, escuchando con interés) como verbal a través de aprobación, preguntas, elogios, críticas, y provocaciones (desafíos) que obliguen al otro a tomar una posición. Significa también poder exigir al otro, poder tocar temas desagradables, confiarle necesidades.

La resolución constante de conflictos ayuda a las parejas a vivir en el presente y a no acumular problemas no resueltos. Las relaciones en las que los miembros de la pareja no atienden sus problemas personales corren un peligro mucho mayor de romperse frente a las dificultades. Muchas personas no consideran necesario hacerlo, o nunca aprendieron a cuidar sus relaciones —tampoco con sus padres, hijos o amigos—, mientras todo «vaya bien». Sin embargo, trabajar en una relación solo es posible mientras el afecto y la buena voluntad determinen el clima de la comunicación.

«No puedo ser yo mismo si el otro no quiere ser él mismo; no puedo ser libre, si el otro no es libre, no puedo tener certeza de mí si no tengo certeza del otro. En la comunicación no me siento responsable solo por mí, sino también por el otro, como si él fuera yo y yo fuera él (...) porque no alcanzo el sentido de la comunicación solamente a través de mis actos; estos deben responder a los actos del otro. Debo entrar en la mortificante relación de eterna insuficiencia en el momento en el que el otro, en lugar de ser aquel que me corresponde, se me transforma en objeto. Si en sus actos el otro no es él mismo de forma autónoma, yo tampoco lo soy. La subordinación del otro por obediencia hacia mí no me permite encontrarme a mí mismo, tampoco su dominación sobre mí. Solo a través del mutuo reconocimiento ambos crecemos siendo nosotros mismos. Solo juntos podemos alcanzar aquello que todos quieren alcanzar».

KARL JASPERS

Cambios de vida

Por «cambios de vida» entendemos acontecimientos o procesos que desatan cambios profundos respecto al transcurso anterior de la vida de la pareja. Estos cambios pueden haber sido planificados por la pareja o irrumpir de manera sorpresiva e inesperada en su vida. Sin pretender ser exhaustivos, recopilamos a continuación algunos temas a los que las parejas pueden verse enfrentadas a lo largo de su relación.

a) Cambios de vida planificados, o previsibles aunque no planificados:

— Planificación familiar

— Construcción de vivienda

— Carrera profesional (estadía en el extranjero, cambio de residencia)

— Trabajo autónomo

— Salida de casa de los hijos

— Cuidados de los padres dependientes

— Jubilación

— Envejecimiento y vejez

b) Cambios de vida, o del proyecto de vida, imprevistos:

— Embarazo

— Pérdida del empleo

— Cambio de residencia repentino por razones profesionales

— Crisis financiera

— Accidente o enfermedad grave de uno de los integrantes de la pareja

— Enfermedad o muerte de un pariente cercano

Sobre a) Cambios de vida planificados

Un ámbito especialmente relevante del asesoramiento preventivo consiste en dar asistencia frente a grandes cambios planificados relacionados con la residencia, la profesión o la familia. Tampoco las parejas que mantienen una buena relación y hablan mucho el uno con el otro suelen analizar suficientemente las consecuencias de su decisión, y entran en una crisis pasajera cuando uno de los integrantes no comparte la decisión, o si esta ha sido tomada de forma demasiado apresurada.

El Sr. y la Sra. B (de 35 y 39 años respectivamente) están felizmente casados desde hace doce años y viven a gusto en la ciudad. No obstante, cuando nacen sus dos hijos, deciden buscar una comunidad alternativa en el campo, que les permita tanto a ellos como a sus hijos tener una mayor calidad de vida desde el punto de vista social. Encuentran un proyecto que les parece adecuado y les agrada mucho. Durante los meses siguientes, invierten toda su energía en la planificación de la casa y en conocer a las otras familias que participan en el proyecto. Muy pronto surgen pequeñas escaramuzas e intromisiones indeseadas en sus asuntos, que gestiona mayormente la Sra. B.

Algunas de las parejas se enemistan seriamente al poco tiempo y la comunicación se hace posible solo a través de terceros. La Sra. B. comienza a albergar cada vez más dudas sobre el proyecto e identifica también otras deficiencias que el entusiasmo del comienzo le había impedido ver. Finalmente constata que le será imposible irse a vivir en el seno de esa comunidad y lo comunica a su marido. El Sr. B., que continúa entusiasmado con la planificación de la casa, ha invertido mucho dinero en el proyecto y ya se ha hecho a la idea de vivir en el campo, no logra comprender los motivos de su esposa y no quiere dar marcha atrás. La Sra. B. se encuentra de pronto sola, pues tanto su marido como sus hijos quieren irse a vivir en la nueva casa. Ella sabe que su marido no la forzaría a hacerlo, pero le angustia la perspectiva de cargar con toda la responsabilidad de hacer infelices a tres personas.

La pareja no encuentra una solución que satisfaga a todos y decide asistir a algunas horas de asesoramiento, después de las cuales se toma la decisión de vender la casa. Tampoco el Sr. B. deseaba ya relacionarse con las otras parejas, pues había notado que tenían una idea muy diferente sobre la vida en comunidad, que muchos aspectos no se casaban con su estilo de vida y que, de vivir allí, habría debido renunciar a cosas importantes.

El Sr. y la Sra. B. afirmaron que la creencia de que «los niños deben crecer en el campo» está tan arraigada que ambos olvidaron preguntarse si también a ellos les iría mejor. Una vez ambos aceptaron el acuerdo, considerándolo la decisión correcta, los niños también lo hicieron. El Sr. B. vendió la casa sin dificultades y pudo desprenderse de su «sueño» sin resentimientos.

Cambios de vida previsibles, pero no planificados

Para ilustrar este punto presentamos a una pareja que asistió a nuestro centro de asesoramiento:

El Sr. N., un ex jefe de sección, tiene 61 años y acaba de jubilarse. Su esposa tiene 52 años y hace 25 que es exclusivamente ama de casa. Tienen dos hijos adultos que han abandonado recientemente el hogar.

Buscan ayuda porque, desde que el esposo se ha jubilado, las desavenencias han aumentado considerablemente.

El Sr. N. acusa a su mujer de hacer mal las tareas de la casa, de gastar demasiado dinero, de hablar demasiado por teléfono y de ocuparse demasiado poco de él. Ella, por su parte, relata que su esposo se entromete en cada detalle de su ámbito doméstico y que no sabe qué hacer con su tiempo.

Hasta el momento, la vida del Sr. N. había estado definida casi exclusivamente por su profesión. Durante su carrera profesional había ascendido constantemente y dedicado muy poco tiempo a su vida privada. Solo quedaba con algunos amigos para hacer deporte en un club de remo.

La Sra. N. tiene muchos intereses y es emprendedora. Se encuentra con sus amigas también durante el día, asiste regularmente a exposiciones, lecturas y funciones de teatro.

En relación con la prevención, ¿qué se ha omitido en este caso?

No se reflexionó ni hubo conversaciones sobre los posibles pasatiempos e intereses, no se previnieron ni esbozaron los escenarios de las consecuencias que la jubilación tendría en la vida en común (el problema de la proximidad y la distancia con el cambio de papeles).

Además, el Sr. N. nunca se planteó una estructura de vida futura tras la jubilación ni se preguntó de qué forma compensaría la pérdida del puesto de trabajo y las facultades inherentes a este como la posibilidad de ejercer control, el reconocimiento, el poder y la autoestima en la vida privada. Otros problemas le hacen difícil la transición a la vida de jubilado: por un lado, su esposa se encuentra con sus amigas durante el día, mientras que en ese horario sus amigos aún trabajan; por otra parte, el Sr. N. se vio «sorprendido» por la jubilación, aunque en su empresa es habitual que los empleados se jubilen a los 60 años. Siempre le había dado a entender a su esposa que se proponía trabajar hasta los 65 años; por esta razón, ella tampoco estaba preparada para el cambio.

Ambos integrantes de la pareja han afirmado haber llevado un buen matrimonio hasta la jubilación del Sr. N. Siempre hablaban de sus actividades diurnas, ella apoyó la carrera de él, siempre estuvo disponible, fue una buena ama de casa y una buena madre, le ofreció un hermoso hogar y lo respaldó.

En este caso concreto, la pareja fue víctima del estrés debido a la falta de preparación para la situación. El Sr. N. fue presa de la impotencia al dejar de sentirse útil y reaccionó presionando a su mujer porque ésta no adaptaba su vida a la suya. La Sra. N. se sintió criticada y reprimida. Las reacciones inadecuadas se acumularon, desencadenando una espiral negativa de interminables riñas sin sentido. La pareja ya se veía desfigurada por la pérdida del amor.

Seguramente, los conflictos se habrían presentado también si hubiera habido conversaciones preparatorias, pero la pareja habría tenido mucho más tiempo y distancia interior para resolverlos paso a paso y prepararse paulatinamente para la etapa de la vida que se avecinaba.

Sobre b) Cambios de vida no planificados

Recomendamos a las parejas analizar de forma imaginativa ciertos acontecimientos, no obstante estos puedan parecer imposibles en el momento, también los miedos ocultos y las expectativas no formuladas y, teniendo en cuenta la situación presente, también sucesos futuros que podrían eventualmente presentarse. Estas preguntas podrían ayudar:

¿Qué ocurriría si construyéramos una casa y yo, que soy el único que aporta ingresos, perdiera el empleo o la empresa para la que trabajo diera quiebra?

¿Qué pasaría si uno de nosotros enfermara grave y permanentemente?

¿Qué haremos si no podemos tener hijos?

¿Qué haremos si tenemos un hijo «no deseado»?

¿Cómo actuaremos cuando nuestros padres necesiten cuidados?

Hablar sobre estos temas puede resultar desagradable o imposible para ciertas parejas, en parte a causa de una idea equivocada de los papeles (sobre todo en las relaciones tradicionales o asimétricas, en las que el hombre alimenta a la familia y frecuentemente evita que esta esté al corriente de los asuntos económicos o las preocupaciones profesionales, para insensatamente preservar a los familiares de la realidad), en parte debido a la incapacidad de tratar temas conflictivos.

Esta negligencia lleva a rupturas en situaciones de crisis, pues no existe confianza ni capacidad para comunicarse. Cuando se presentan sucesos inesperados, que inevitablemente afectan a la relación, es frecuente que ciertos temas reprimidos, jamás hablados, salgan a la luz. Así, en una situación tensa, una pareja que no ha adquirido práctica alguna en la gestión conjunta de conflictos debe repentinamente encontrar buenas soluciones.

Es sabido que, en situaciones de crisis, los pensamientos y los sentimientos se hacen confusos, y no es un buen momento para mantener conversaciones sin miedo ni estrés.

Las conversaciones francas sobre los temas enumerados más arriba llevan a un conocimiento más profundo y revelan información esencial sobre el otro.

El resultado de estas conversaciones puede llevar a tomar medidas paliativas necesarias o más realistas (por ejemplo, en el caso de pedir un crédito elevado y tener un puesto de trabajo inseguro, la medida sería aumentar la cualificación profesional, para tener mejores oportunidades en el mercado laboral en caso de que se pierda el empleo).

También puede revelarse que ciertos planes o expectativas deban dejarse de lado porque no es posible hacerlos realidad en el seno de esa relación. Las informaciones obtenidas deben ser tomadas en serio en todos los casos y nunca deben subestimarse.

La amistad en la relación de pareja

«La mayoría de los matrimonios no fracasa por falta de amor, sino por falta de amistad»

FRIEDRICH NIETZSCHE

La amistad y el amor tienen muchas cosas en común: la actitud benévola, el aprecio, el apoyo, la lealtad, la tolerancia, etc. No obstante, contrariamente a lo que se podría suponer, la amistad en el marco de una relación amorosa no es fácil ni puede darse por descontado.

Hemos entrevistado a hombres y mujeres sobre este tema y citamos algunas de las respuestas:

«Apenas comienzo una relación con un hombre, la amistad termina».

«Con las mujeres no se puede hacerlo todo, para eso uno tiene amigos».

«¡Uno no es amigo de su propia mujer!»

«¡Con los hombres no se puede hablar!»

«¡A mi mujer no le cuento nada de mis negocios!»

Este tipo de afirmaciones crean dominios exclusivos masculinos y femeninos, son representativas de cómo los hombres y las mujeres se excluyen mutuamente definiéndose a través del papel de su género, y permiten atisbar con qué rapidez una riña puede transformarse en una guerra de sexos.

Subrayar la importancia de la amistad en una relación de pareja no significa que haya que hacerlo todo juntos, sino que *en teoría* exista la posibilidad y la capacidad para hacerlo. Tampoco queremos decir que la amistad deba ser la medida de referencia en una relación de pareja, pues de serlo la camaradería sustituiría al erotismo y a la sexualidad, acabando con la relación amorosa.

La amistad como elemento del amor
— transmite confianza
— activa la comunicación
— aumenta la comprensión y la tolerancia
— no exige perfección
— ve al otro como un individuo independiente
— permite el análisis, pues con un amigo o una amiga puedo hablar de lo que me sucede. ¡Así, no debo quejarme de ti frente a otros!

La amistad como fenómeno independiente es importante en determinadas etapas de la vida, cuando se requiere camaradería y lealtad:

— durante periodos de crisis personales,

— cuando los sentimientos amorosos disminuyen transitoriamente

— durante la ancianidad y en caso de enfermedad.

La amistad protege al amor, lo fortalece y lo estabiliza y, en épocas de crisis, compensa los déficits amorosos.

El amor puede aprender de la amistad a tener menos expectativas y a plantear menos exigencias desmesuradas que surgen de la identificación con la pareja, pues la amistad denota una actitud menos posesiva, gracias a la cual se puede ser mucho más tolerante; en ese sentido, la amistad distiende la relación de pareja.

En el amor nadie está ceñido a un único papel, todos pueden asumir todos los papeles, y precisamente gracias a ello se abren infinitos niveles de encuentro en los que ambos integrantes de la pareja pueden descubrirse una y otra vez. La amistad dentro de la relación amorosa es el elemento que nos abre el camino para ser una persona completa.

Relación de pareja y amigos

Del mismo modo que la amistad no puede ser excluida de la relación amorosa, los amigos nunca deberían faltar en la vida de una pareja.

Los amigos enriquecen la vida y son, además, un elemento sancionador fiable, pues son los primeros que notan si una relación de pareja es enriquecedora o limitadora, y si la proporción entre proximidad y distancia es saludable.

En las terapias, las mujeres suelen lamentarse de lo desilusionadas que se sienten de sus amigas y de cómo se han sentido usadas como suplentes, pues apenas un hombre aparece en la vida de una de sus amigas, dejan de ser necesarias y vuelven a tener noticias de su amiga cuando el hombre ya no tiene tiempo o la relación se ha terminado.

Los hombres, por su parte, suelen relatar que sus compañeras son extremadamente celosas de sus amigos, de modo que dejan de verlos.

De acuerdo con nuestra experiencia, las parejas en cuyas relaciones hay amistad pueden incluir tanto a sus amigos comunes como a los amigos de cada uno en su vida de pareja. Las preguntas que debe hacerse respecto a este tema son:

¿Hay elementos de amistad en mi relación de pareja?

¿Hay temas de los que solo hablo con mis amigos y no con mi pareja?

¿Qué me impide tener una amistad con mi pareja?

La confianza que nace de la capacidad para gestionar conflictos

El ser humano desea profundamente la paz. No obstante, la agresión y los actos de violencia están a la orden del día, también, o muy especialmente, en el seno de la familia. La idea de una coexistencia pacífica de todos los seres vivos no es más que una utopía. Es evidente que los conflictos son parte de la vida, aunque supuestamente nadie los desea.

Incluso aquel que responde con violencia ante las situaciones de conflicto no busca el conflicto en sí mismo, sino deshacerse cuanto antes de las desagradables tensiones que experimenta. El problema, por lo tanto, no es el conflicto en sí, lo es el intento fallido de encontrar una solución.

Pero ¿quién nos enseña cómo gestionar conflictos? ¿Dónde educamos nuestra aptitud para afrontar problemas, dónde educamos nuestra capacidad para la paz?

Tiene suerte aquel joven que haya sido animado por sus personas de referencia a confiar en primer lugar en sus propios sentimientos y a defender su propia verdad; aquel que haya sido testigo de que las diferencias de opinión pueden ser debatidas de manera respetuosa y considerada en pos de una solución satisfactoria para todos; aquel que haya podido mostrarse y no haya sido humillado por ser quien era.

La experiencia de la mayoría de las personas es muy diferente: se tomaron decisiones por encima de su voluntad o fueron dejadas solas a la hora de tomar decisiones.

Cuando se pregunta por la «cultura del conflicto» en la casa paterna se recibe dos respuestas estereotípicas: o se peleaba constantemente, o no se peleaba nunca. En ninguno de los casos se alcanzaba una conclusión positiva del conflicto.

La dosis adecuada parece faltar: demasiada o demasiado poca asistencia, demasiados o demasiado pocos límites, demasiado o demasiado poco análisis.

Debe subrayarse que también la armonía aparente (fingir que no pasa nada) es percibida como un estado angustiante lleno de tensión, pues la imposibilidad de expresarse lleva a la presión y el sufrimiento internos.

Si queremos vivir en paz tanto aparente como internamente, debemos elegir el empinado camino del análisis.

Tomemos la estructura de una fábula cualquiera. El protagonista se encuentra en una situación difícil. Toma coraje y se lanza a lo desconocido. Da pruebas de su valor, desarrolla nuevas aptitudes para su interacción con el mundo y regresa, una vez concluido su proceso, al punto de partida de su viaje. El héroe podría haberse quedado en casa, pero no se habría redimido si no hubiese obedecido al impulso para crecer.

Toda persona alberga alguna inquietud que la impulsa a acometer algo: un potencial que desea ser desplegado o ideas que esperan su realización. Apenas notamos que queremos cambiar algo, nuestras costumbres colisionan con lo nuevo, nuestros deseos con las expectativas de los demás. Quisiéramos superar o eliminar inmediatamente ese estado de indecisión, falta de claridad y temor.

Ese es exactamente el momento en el que comienza a forjarse la aptitud para gestionar conflictos: la capacidad de enfrentarse a uno mismo y a los otros.

Durante la primera fase del enamoramiento tiene lugar un proceso de adaptación durante el que las diferencias son ignoradas. Cada miembro de la pareja hace concesiones al otro, todo parece posible y la armonía aparenta reinar. Los primeros problemas se presentan cuando comienzan a hacerse visibles los elementos que separan: es la etapa en la que muchas relaciones se rompen, precisamente porque los integrantes de la pareja carecen de disposición para gestionar los conflictos. O sobreviene una ruptura abrupta o se instala una simbiosis innatural y duradera, en la que solo existe el NOSOTROS, aislado del resto del mundo, no un YO y TÚ que permite la existencia de espacios vitales individuales. Ambos viven la frustración de querer imponer al otro su modelo de vida o su idea de la relación. El deseo original de armonía se transforma en una exacerbada lucha de poder.

Las parejas que no son capaces de dar lugar a espacios individuales suelen acabar en un callejón sin salida o deben enfrentarse justamente a lo que menos quieren: la separación.

El Sr. K. acababa de salir de un nuevo fracaso amoroso: Tras tres años de relación «fulminante» con una mujer «fantástica», la relación se rompió de un día para el otro. Él no había percibido jamás señales de desavenencias serias y esta relación terminó como todas las anteriores: de manera inexplicable y de forma totalmente inesperada. Como no comprende la separación, le aqueja una fijación por la mujer y no es capaz de desprenderse.

Estrategias de conflicto

El manejo de los conflictos es un tema muy importante en la terapia de pareja y, en consecuencia, nos proponemos señalar cuáles pueden ser las estrategias para gestionar un conflicto de forma negativa o positiva. Las disputas pueden revivir una relación en un sentido positivo pero, desafortunadamente, no cualquier tipo de pelea inyecta energía.

Estrategias para un mal conflicto

Hablamos de un mal conflicto cuando no puede hallarse buenas soluciones ni tampoco ganarse un mayor conocimiento de la situación. Dos extremos del manejo de las disputas (entre uno y otro hay muchas posibilidades de cometer errores en la comunicación) son:

a) Reñir constantemente

Existen personas que pelean constantemente, que pierden los estribos frente a cualquier pequeñez y nunca encuentran soluciones. En las peleas destructivas, la comunicación gira en círculo, destruyendo la proximidad y el espacio para la creatividad. Con frecuencia, estas peleas siguen un patrón de comunicación determinado, por ejemplo, la inculpación exclusiva de uno de los integrantes de la pareja, al que se dirigen recriminaciones como «típico», «siempre», «nunca»... o frases lapidarias como «Eres igual a tu madre» «Estás loco» «Todos nuestros amigos dicen lo mismo de ti» «Los niños piensan lo mismo que yo».

Esto nace de una actitud hostil que indica que el amor se ha perdido. Se está insatisfecho con todo lo que dice o hace el otro. La propia falta de amor, que se expresa p.e. en juegos de poder, obstinación y brutalidad, no se refleja, sino que se proyecta sobre la pareja (acusando al otro de ser el agresor). El objetivo principal es «sumar puntos» contra el otro; por lo tanto, este tipo de conflicto solo puede producir perdedores, pues incluso el ganador aparente pierde, dañando la relación y dañándose a sí mismo.

b) No reñir nunca:

Otra forma de resolver mal los conflictos es evitarlos. Detrás de esta actitud suele estar el miedo a enfrentar el conflicto o la resignación, fruto de una experiencia que indica que en las relaciones nada cambia hablando.

Paradójicamente, ignorar un conflicto solo hace que éste crezca, y los conflictos que no se resuelven no desaparecen, sino que van minando las relaciones subliminalmente e incluso pueden, a la larga, comprometer nuestra salud física.

Ambas estrategias limitan y reducen considerablemente las posibilidades de comunicación.

Estrategias para un buen conflicto

Las discusiones bien intencionadas generan comprensión y libertad de movimiento. La pareja se esfuerza por buscar soluciones a tiempo y no dejar que el conflicto se agrave. Cuando se ha vivido la experiencia de que es posible dirigirse abiertamente a la pareja y hablar de todo, se tiene la garantía de que la comunicación no se interrumpirá. Además, así no se crean tabúes, cuya existencia puede tener consecuencias muy negativas en caso de crisis. El buen conflicto se distingue por aumentar y consolidar la confianza. Ambos integrantes de la pareja creen que el otro también podrá resolver el conflicto de manera constructiva. La seguridad y la certeza de poder resolver juntos los conflictos desencadenan una espiral positiva que conduce a una mayor confianza y a una mejor calidad de la relación en general.

A continuación, hacemos un esbozo de cómo acercarse a una buena solución:

El modelo de 4 pasos

1. La capacidad para asumir interiormente una posición.
   ¿Qué quiero realmente?

Una discusión que comienza con acusaciones o proyecciones difusas está condenada al fracaso. Por eso, cada discusión debe ser precedida por una etapa de autoesclarecimiento; durante esa etapa debe evaluarse si el conflicto de pareja ha surgido de un conflicto individual. En ese caso, el afectado es quien debe resolver el conflicto, mientras que el otro puede prestar ayuda y dar apoyo. Se debe impedir que un conflicto individual se transforme en un conflicto de la pareja.

Del mismo modo que los conflictos de uno de los integrantes de la pareja afectan a la relación, también ocurre lo contrario, y un conflicto de pareja no resuelto puede transformarse en el conflicto de uno de los miembros de la pareja. Esto ocurre a partir de una experiencia de resignación del afectado, que ha constatado que los conflictos con el otro no pueden resolverse de manera satisfactoria y que tocar el tema solo lleva a agravar el problema. La actitud consciente e inconsciente, dictada por la creencia de que la solución del problema traería consigo nuevos problemas, domina, y protege a la pareja del cambio y la inseguridad. Por ejemplo: La mujer quiere que el hombre trabaje menos. El hombre reduce su jornada laboral y llega antes a casa, algo que hace aumentar la frustración, pues hace evidente que no existen intereses en común.

¿Qué quiero realmente?
¿Qué busco en última instancia?
¿Qué me parece el asunto?

Se debe hablar del conflicto solo cuando se puede nombrar e identificar con precisión cuál es el motivo.

2. La aptitud para expresarse adecuadamente:
   ¿Cómo se lo digo al otro?

Acto seguido debe transmitirse ese motivo, un paso que requiere tanto valor para un enfrentamiento desagradable como madurez para soportar un posible rechazo.

Para que el otro comprenda es necesario expresarse con claridad: Debe hablarse de manera inequívoca y en primera persona. Yo quiero, yo necesito, yo noto, yo siento...

Cuando más íntegra sea la persona (y la relación) más natural será para ella defender sus intereses.

Además de ciertas fortalezas personales como la objetividad para la exposición, la honestidad y la seguridad en sí mismo, es importante elegir tanto el tono y las palabras como el momento adecuados para comunicar algo. Puede crearse un ambiente favorable preparando al otro para el tema: «¿Puedes tomarte una hora esta noche? Quiero hablar contigo acerca de cómo podríamos evitar en el futuro una situación tan desagradable como la que ocurrió ayer con tus padres».

3. La capacidad para el diálogo:
   ¿Qué quiere el otro?

Para ser justos, es pertinente conceder al otro un cierto tiempo para reflexionar sobre su punto de vista. La capacidad para el diálogo (la capacidad para permanecer en el tema) implica tener disposición para comprender las motivaciones del otro, aunque éstas sean contrarias a las propias; ser capaz de dar un paso atrás para escuchar al otro objetiva y abiertamente; intentar comprender al otro, mostrando respeto e interés y preguntando por su visión de las cosas.

4. La capacidad para el consenso:
   ¿Qué queremos ambos?

Cuando existen deseos, expectativas o ideas diferentes, debe buscarse compromisos creativos. No siempre se encuentra una solución satisfactoria para ambos, pero siempre existe la posibilidad de que cada uno salga ganando algo. Lo ideal es que ninguno de los dos sienta que ha salido perdiendo.

Ambos deberían estar de acuerdo con el resultado de la negociación, de forma que el tema tratado no pueda volver a ser motivo de reproches o a desatar un nuevo conflicto.

Como se aprecia en este modelo de cuatro pasos, es ideal que ambos integrantes de la pareja renuncien a ejercer presiones o poder y a perseguir victorias retóricas a corto plazo. Por el contrario, no se debe perder de vista ni al otro ni al objetivo de una solución común.

Para finalizar presentamos un ejemplo de lo dicho anteriormente a través del caso de un asesoramiento de dos horas de duración:

Una joven solicitó asesoramiento. Estaba embarazada y no podía decidir si continuar o no el embarazo, pues el padre del niño era un hombre casado. Le propusimos incluir al hombre en el asesoramiento y la pareja acudió al consultorio. Ambos se veían presionados, sobre todo el hombre, que quería que el hijo naciera.

En una primera etapa se habló de las respectivas motivaciones de los integrantes de la pareja. El hombre acabó por reconocer que quería ese hijo menos por amor hacia los niños que por escapar de un matrimonio infeliz y para atar a su compañera. La mujer justificó sus dudas diciendo que quería tomar una decisión sin presiones externas; que él debía estar con ella por amor y no a causa del hijo. Durante esta fase, la pareja logró expresar sinceramente sus respectivos miedos y motivaciones. La mujer tenía grandes dificultades para manifestar que pensaba en abortar, porque él parecía alegrarse por la llegada del niño y hacía planes para el futuro. Para ella, la relación no era lo suficientemente sólida como para tener perspectivas claras, pero al mismo tiempo tenía miedo de perderlo si decidía no tener al niño. Tras haber hablado de los temas tabú ambos sintieron alivio y fue evidente que se tenían mucho cariño. El hombre pudo comprender que un aborto no traería consigo el final, que su compañera lo amaba y que deseaba tener una relación comprometida con él. Comprendió cuán grandes eran sus miedos, tanto a perder a su compañera como a hablar con su esposa. Su fantasía era enfrentar a esta última a los hechos consumados y así hacer que ella lo echara de la casa sin más.

Reconoció que le hubiera gustado tomar el camino más fácil dejando la decisión en manos del destino, pero que debía encontrar el valor para poner en marcha el proceso de separación y afrontar el conflicto con su cónyuge.

Su compañera comprendió que él realmente la amaba y quería estar con ella, pero también que la fundación de una familia no era el vehículo adecuado para hacerlo en ese momento. Entonces, él pudo aceptar su decisión y ambos concluyeron que más adelante sería posible tener hijos.

Conversaciones preventivas sobre temas tabú

Infidelidad sexual

Para la mayoría de las parejas, la fidelidad es un valor muy alto e intocable. En la mayoría de las personas, la idea de que su pareja comparta momentos de intimidad con un extraño causa violentos celos, miedo a la pérdida y a la comparación, agresión o sentimientos de asco. Son sensaciones profundamente desagradables, una inmensa amenaza sobre la que se prefiere no hablar y que no se desea vivir. En consecuencia, el tema suele tratarse de forma expeditiva y concluyente, declarándose que la relación acabaría en el acto si eso ocurriera. Con esta pauta se protege la frágil autoestima y se gana seguridad en el ámbito teórico, pero en la práctica se cierra el paso a la comunicación sobre importantes fenómenos de la vida. Se transforma un tema difícil en un tema tabú y se ahoga cualquier posible reflexión desde su origen. El fenómeno de la infidelidad en forma de aventuras de una noche o de adulterios de menor o mayor duración existe desde que existe la humanidad, e incluso buenas relaciones se han ido a pique por esta causa. No existe seguridad alguna de que justo a nosotros no nos ocurrirá. Las parejas entran en crisis, cometen errores, la rutina embota los sentimientos. Además, el enamoramiento, una manifestación de desarrollo psicológico, nos sorprende particularmente en transiciones importantes, en momentos vitales en los que se presentan cambios personales y se da pasos hacia la madurez, o como consecuencia de humillaciones, muertes en la familia y muy frecuentemente frente a la falta de reconocimiento profesional.

Nadie desea la infidelidad. Sin embargo, ocurre.

El sentido de las charlas preventivas es fomentar una actitud abierta: no hacia fuera, sino hacia el interior, pues las relaciones se abren hacia otras posibilidades cuando la comunicación en la pareja ya no fluye.

¿Cómo actuar entonces si, a pesar de todo, ocurre?

¿Es para mí concebible que ocurra una infidelidad?

¿Por qué excluyo / no excluyo la infidelidad?

¿Tengo experiencias de infidelidad sexual?

¿Quiero saber la verdad?

¿Confío en mi pareja y en la estabilidad de nuestra relación?

¿Conozco las opiniones y la postura del otro respecto al tema?

El otro, ¿quiere saber la verdad?

El otro, ¿en qué momento me lo desvelaría?

El otro, ¿cómo desearía enfrentar la situación?

Durante nuestra actividad como terapeutas de pareja hemos podido comprobar lo siguiente:

Aquel que comete la infidelidad se siente muy inseguro y no sabe qué hacer ni con su infidelidad ni con los sentimientos relacionados con ella:

— No sabe qué significado darle a la aventura.

(¿Se trata de algo personal o de un déficit en la relación? ¿Debe hacerse algún cambio en la relación?

— No sabe qué hacer: ¿Confesar la infidelidad o mantenerla en secreto?

.— No sabe cómo va a reaccionar el otro.

— No sabe cómo comunicarlo al otro.

Muchas inseguridades se suman: a los sentimientos ya de por sí confusos se suman pensamientos confusos. En medio de esta agitación, es difícil hablar, incluso para las parejas que poseen una buena comunicación verbal; a las parejas que no están acostumbradas a hablar de temas delicados o conflictivos, algo así sencillamente las desborda.

Cuando se sabe hasta qué punto se puede ser franco con el otro, cuando se sabe qué opina el otro sobre el tema y cómo lo gestionaría, también se sabe si se debe comunicarlo o si hay que callar, y también se sabe si se puede esperar ayuda (la certeza de que el otro está comprometido con la pareja y con la relación, de que no me dará la espalda si pido ayuda). En cambio, si no se sabe cuál será la reacción del otro, la inseguridad lleva a callar. Esto puede ser una opción inteligente, pero también puede agravar la situación provocando que la infidelidad pase desapercibida y se convierta en una relación paralela. En ese caso, la franqueza abre paso a la mentira, que aliena y restringe la comunicación.

Para ilustrar mejor las conductas y las dificultades que se presentan cuando hay infidelidades, damos a continuación algunas recomendaciones y presentamos algunos informes extraídos de la práctica de la terapia de pareja que ilustran los errores que las parejas cometen y que empeoran la situación.

¿En qué casos es mejor no revelar la infidelidad sexual?

— Cuando se trata de un hecho único e insignificante.

— Cuando lo único que se busca con una confesión es aliviar la mala conciencia.

— Cuando se sabe que el otro integrante de la pareja no podría soportarlo (por razones morales o religiosas, porque causaría dudas sobre la relación y la pérdida definitiva de la confianza)

— Cuando no se desea sobrecargar al otro (porque está enfermo, vive un duelo o no tiene capacidad de recuperación psíquica)

¿En qué casos y en qué momento es esencial hablar del tema?

— Cuando la relación peligra y se quiere salvarla.

— Cuando la infidelidad tiene relación con la pareja (compensa una carencia que ha de resolverse con el otro integrante)

— Cuando la relación extramatrimonial ya no se puede mantener en secreto y se desea que el otro se entere de primera mano.

— Cuando hace falta ayuda para resolver el problema.

Todo lo que una infidelidad desata puede causar problemas o fracturas en la relación. A través de numerosas conversaciones que hemos mantenido con parejas sabemos que la infidelidad sexual en sí puede soportarse y perdonarse. La mayoría de las heridas nacen de una comunicación poco clara que produce agravios en la autoestima y de una gestión poco adecuada de la situación.

Errores frecuentes:

— Presión excesiva de parte del miembro de la pareja engañado, que exige una decisión inmediata.

Consecuencias: No hay certeza de que la decisión a favor de la pareja estable haya sido tomada de corazón y libremente. No se logra recuperar la confianza perdida.

— Hablar constantemente del tema.

Consecuencias: Las discusiones se desbordan, las conversaciones sobre la relación se agotan y comienzan a evitarse.

— Violentos reproches por parte del miembro de la pareja engañado durante un largo periodo de tiempo.

Consecuencias: Sensación de descalificación, vergüenza, imposibilidad de perdón.

— No se habla del tema.

Consecuencias: Importantes limitaciones en la comunicación. Los conflictos sin resolver se abren paso a través de otros caminos (por ejemplo, burlas en el día a día, enfermedades, etc.)

— No se puede o no se quiere tomar una decisión.

Consecuencias: Imposibilidad de recomenzar. No puede restablecerse la autoestima lesionada. La relación se deteriora. Tarde o temprano conduce a la separación emocional.

— No hay un proceso de perdón.

Consecuencias: Los reproches resurgen una y otra vez.

Para finalizar deseamos subrayar una vez más que, con las conversaciones preventivas, nos proponemos animar a las parejas a hablar con franqueza también de temas relacionados con la separación, sin permitir que la propia inseguridad lo impida, sino planteándose: ¿Qué pasaría si me ocurre a mí o te ocurre a ti? Nuestra relación, ¿es lo suficientemente fuerte como para superar errores? Estas conversaciones, que aportan importantes revelaciones sobre opiniones y actitudes de todos los ámbitos de la vida, hacen sentir confianza en el viaje que ambos se proponen emprender o permiten atisbar que la relación se quebrará frente a las primeras dificultades.

Mi confianza no es para aquel que me promete fidelidad, sino para aquel que desea enfrentar las situaciones difíciles conmigo.

Estar preparados para la despedida

Otro tema tabú es la muerte. ¿Qué tiene que ver la muerte con la vida, qué tiene que ver la despedida con la construcción de la relación?

La conciencia de lo transitorio otorga al presente un significado especial. Nos obliga a vivir en el momento, a valorar el instante y a no perdernos en especulaciones sobre el pasado y el futuro. Cuando osamos pensar en lo imposible, despertamos en el aquí y ahora, y comprendemos que debemos obtener lo mejor de las circunstancias existentes. Es precisamente a través de la limitación de la vida, y también de las relaciones, que surge el carácter único y último de las mismas.

El carácter efímero de todo lo existente nos obliga a
— aprovechar el tiempo, pues de otro modo lo postergaríamos todo infinitamente,
— a alimentar y cuidar el amor, porque no puede darse por descontado que permanezca para siempre,
— a apreciar lo que tenemos.

Estar preparados para la despedida significa actuar con conciencia de que la separación no solo es posible en cualquier momento, sino que es inevitable. La separación forma parte de toda relación y, si aceptamos este hecho y no lo negamos, fortalecemos nuestra sensación de proximidad, pues el otro se transforma en un regalo pasajero. Estar preparados para la despedida se hace más fácil gracias a la certeza de que vivir solos también es posible, y que por eso debe favorecerse tanto una distancia saludable como etapas de soledad consciente. También hace falta valor para pensar en el final y abordar los temas relacionados con éste.

Respecto a la prevención
— debe tenerse en cuenta los últimos deseos del otro
— debe analizarse esos deseos con franqueza
— debe fomentarse los valores e intereses y activar posibilidades desaprovechadas
— debe hablarse de legados concretos.

Estar preparados para la despedida también incluye el cuidado y la asistencia del otro, y el deseo de que al otro le vaya bien también después de la muerte de su pareja. Nos referimos sobre todo a la seguridad financiera, a la gestión del patrimonio existente y al sustento de los hijos. Tratar estos temas genera confianza, intimidad y afinidad. La certeza de que todo estará en buenas manos lleva la relación a otro nivel.

Viviendo la cotidianidad de nuestra relación preparados para la despedida, vivimos el presente de manera intensa y educamos nuestra conciencia: disfrutamos de lo bueno y apreciamos lo bello y lo logrado. Es precisamente la conciencia de lo finito lo que incrementa nuestra percepción, haciendo que el carácter precioso de la vida se manifieste. Una actitud equilibrada y humilde surge en contraste con la insatisfacción y las pretensiones desmesuradas de felicidad. Estas preguntas lo expresan:

¿Qué deseo compartir todavía con mi pareja?

¿Cómo organizaré mi vida sin mi pareja?

¿Cómo seguirá viviendo en mí mi pareja?

El significado de la sexualidad y el erotismo en la relación de pareja

«La sexualidad no es más que la expresión de la vida amorosa y nada menos que su coronación».

Viktor Frankl

La comunicación sexual es un factor estabilizador para la relación, pues una relación sexual plena evita que se sienta interés por otras personas. En cuanto expresión de la personalidad, la sexualidad plena afianza y enriquece la relación, pues es la manifestación corporal de nuestro afecto. Además, la sexualidad —estimulada por las experiencias de afinidad y apego— puede, durante cierto tiempo, aumentar la voluntad y la motivación para analizar determinados problemas.

La sexualidad propia y la sexualidad compartida

Para una mejor comprensión, describiremos a continuación con mayor precisión el concepto de lo «sexual».

Lo sexual de cada sujeto se manifiesta en su naturaleza de criatura, en el deseo y el instinto, en la naturalidad y la vivacidad que son propias de nuestra condición y expresión personal de individuos.

La sexualidad, en cambio, es una expresión concreta de lo sexual, una manifestación social que por lo tanto siempre está marcada por el espíritu de los tiempos y en consecuencia asociada a ciertas normas, es decir, a principios orientativos en forma de preceptos y prohibiciones, vigentes solo en el marco de un entorno social determinado en una época determinada, de acuerdo a los cuales se califica desde el punto de vista moral.

Por lo anterior, lo sexual y la sexualidad siempre están separados por una brecha. La insaciabilidad e inquietud de lo sexual surge de ese hecho: la sexualidad nunca puede integrar totalmente a lo sexual, solo el amor puede hacerlo. En consecuencia, cada integrante de la pareja debe vivir con su propia corporeidad y compartir la sexualidad: Lo sexual de cada uno y la sexualidad compartida deben integrarse en la relación, siempre que no se aspire al sexo en solitario.

Muchas personas creen que existe una sexualidad «correcta». Pero lo sexual es algo extremadamente individual, originario, inexpugnablemente propio, que se manifiesta una y otra vez en fantasías, anhelos o insatisfacción.

Este núcleo personal de lo sexual que, como todo lo personal, lucha por encontrar una expresión auténtica, requiere confianza en la pareja y la seguridad de que ésta no abusará. Una delgada línea separa la felicidad de la infelicidad: ser aceptados y deseados por el otro en nuestra expresión más íntima, poder mostrarnos desnudos y sentirnos aprobados por el otro hasta en nuestro más profundo interior es aquello que más intensifica y colma un encuentro. Del mismo modo que el intelecto o el corazón pueden encontrar paz y arraigo en otra persona, también podemos sentirnos acogidos físicamente por el otro. Sin embargo, las observaciones imprudentes, las faltas de atención o las críticas pueden repercutir en la autoestima de manera extremadamente ofensiva y humillante, haciendo imposible que la apertura perdure.

Otro fenómeno que se presenta con frecuencia durante la comunicación sexual es la imposibilidad de expresarse verbalmente. Una razón para ello es que la sexualidad todavía es un tema tabú, pero también es difícil encontrar un lenguaje personal para la propia sexualidad. Si mencionar los propios deseos y fantasías es imposible, la sexualidad se aloja en el terreno de lo secreto para volver a crear tensión. Pero se trata de una tensión no deseada, que aleja de la relación.

De acuerdo con nuestras observaciones, reprimir o subestimar deseos y necesidades sexuales conduce muy rápido y de manera irreversible al aislamiento. Si no se logra involucrarse en la sexualidad del otro ni dar vida a su expresión sexual, se desaprovecha valiosas experiencias y el posible intercambio sobre estas. Entonces, lo íntimo adquiere un carácter secreto y surgen ámbitos que no pueden ser compensados por la armonía en otros contextos. La comunicación sexual con el otro integrante de la pareja es una expresión de la propia personalidad y forma un vínculo que enriquece la relación o, en el caso contrario, crea limitaciones de las posibilidades comunes. En caso de poder manifestarse, la sexualidad garantiza una conexión profunda, sentimientos de pertenencia y con ello el voto voluntario de fidelidad. Fomenta la armonía y la paz, y es fuente de alegría, rejuvenecimiento y autoestima.

Es difícil llegar a un consenso acerca del papel que el atractivo de sus integrantes juega en una pareja. Es indiscutible que uno se acerca gustosamente y a menudo a una persona cuando la encuentra atractiva, algo que desata una espiral de autoestima positiva.

La confirmación de nuestra corporeidad siempre es una reafirmación de nuestra identidad y un factor estabilizador tanto de la personalidad como de la relación en general, con excepción de los conflictos.

En la práctica de la terapia de pareja se observa que muchas separaciones ocurren «solamente» a causa de las infidelidades motivadas sexualmente de uno de los integrantes de la pareja para el cual la vida amorosa en el seno de la relación no era satisfactoria, aunque en otros ámbitos existiera mucho aprecio. Esto no implica que, a largo plazo, el buen sexo pueda salvar una mala relación o que el mal sexo pueda arruinar una buena relación —no obstante, ha de subrayarse que una vida sexual plena inmuniza contra otras ofertas y tentaciones.

En este contexto hacemos algunas observaciones más sobre la infidelidad sexual: esta suele ser uno de los temas más difíciles de tratar, pues afecta a lo más íntimo que vincula a dos personas. La autoestima del miembro de la pareja engañado es dañada de manera inmediata y en gran medida. Las reacciones ante la infidelidad del compañero o la compañera van desde la finalización inmediata de la relación hasta la negativa total a tomar conocimiento del hecho.

Realizar un análisis constructivo del tema es enormemente difícil para los afectados.

El objetivo principal debería ser evaluar si la infidelidad ha sido un desliz excepcional, un desatino, si existe un problema personal o si subyace un problema profundo en la relación que ha llevado a ello.

Tras la identificación de las razones para la infidelidad, la pareja puede enfrentar y analizar el conflicto, y comenzar una terapia adecuada para cada caso.

Aspectos de lo sexual

En lo sexual identificamos tres aspectos:
La sexualidad narcisista, la sexualidad en la relación y la sexualidad de la reproducción, que dejaremos de lado.

El aspecto narcisista

La sexualidad es importante para la autopercepción y la autoestima, la percepción de la propia vitalidad como fuente de fuerza interior y de disfrute del propio cuerpo y de la vida. Durante el acto sexual, el equilibrio interno se estabiliza y se experimentan sensaciones de afinidad, calidez y amparo. Se reducen las tensiones y agresiones, se celebra una reconciliación con la pareja y se repasan las experiencias sexuales vividas hasta el momento. Un espectro que va desde la regresión hasta el éxtasis abre paso a las más diversas sensaciones.

La sexualidad en la relación

El aspecto sexual de una relación es el motor que nos impulsa a la hora de abandonar la casa paterna, de comenzar relaciones nuevas con posibles compañeros de vida, de superar diferencias y acercarnos a lo ajeno a través de su —literalmente hablando— incorporación.

Aunque el aspecto sexual no haya sido aún incorporado a una relación a través del amor, puede comprobarse que, siempre, lo sexual se dirige hacia otros, más allá de los aspectos puramente instintivos y

143

narcisistas. Nunca se trata únicamente de un desahogo mecánico de ciertas tensiones corporales. Gracias a la fusión corporal, los integrantes de una pareja pueden dejar de ser dos extraños, surge «algo» entre ellos y, tras el acto sexual, experimentan calidez, curiosidad y deseo. A todo eso se suman el erotismo y sensaciones de felicidad.

El sexo funcional, en cambio, puede comenzar con un irresistible deseo hacia la pareja sexual antes del acto y terminar con indiferencia, una sensación de soledad y distancia o la incapacidad de seguir soportando al otro, incluso con sentimientos de odio. Cuando en el seno de una relación el sexo es vivido de manera funcional y no como un ámbito de la existencia personal, este suele ofender, causar estupor, provocar limitaciones en la relación o su ruptura, y la sensación de estar con un extraño. El acto sexual es un acto de equilibrio entre la entrega y la imposición: una mezcla bien lograda de aspectos agresivos y tiernos. Sin agresividad, el sexo no es posible, y sin ternura es insatisfactorio. La agresividad exterioriza la decisión, la resolución y la voluntad de alcanzar los propios objetivos de forma activa y por el camino más corto. La ternura, que no tiene un objetivo, persigue momentos erótico-lúdicos, es invitante, sensual y seductora, y no excluye, sino que amalgama. No es una exigencia directa, en el mejor de los casos es una invitación indirecta y amistosa.

Lo erótico, con su suavidad prometedora, tiene el poder de domesticar lo sexual e integrarlo en un diálogo de los sentidos.

La agresividad y la ternura son dos caras de la misma moneda: ninguna de ellas está completa sin la otra. Sólo su estimulación mutua mantiene a largo plazo la necesaria tensión en una relación.

Con esto no hacemos referencia, como quiere la tradición, a la clásica distribución de papeles entre el hombre y la mujer, de acuerdo con la cual el hombre es aquel que da de manera agresiva y la mujer aquella que recibe de forma pasiva. Nos referimos a un equilibrio interno, a una maniobra de integración de la personalidad que permite, por un lado, domesticar los propios instintos, y al mismo tiempo hace que el erotismo se manifieste de forma activa y resuelta.

Una vez más, resumiendo:

Si la imposición agresiva se encuentra en primer plano, la sexualidad puede hacerse desconsiderada, violenta o sencillamente funcional. En el otro extremo, el de la entrega erótica, nos encontramos con lo contrario: Parejas que viven una especie de relación fraternal, que tras algún tiempo se torna uniforme e inactiva y conduce al aburrimiento. A continuación exponemos algunas consideraciones y sugerencias sobre la ya descrita dificultad de vivir una sexualidad satisfactoria en la cotidianidad.

Como se ha expuesto anteriormente, la esencia de lo sexual es favorecedora para la relación, pero no necesariamente se mantiene.

¿Cómo se puede mantener la tensión sexual a largo plazo?

En la opinión del filósofo alemán Holger Schenk:

«La sexualidad se hace disfrutable a través del moldeado y los matices. Es necesario y favorable vivir la sexualidad con fantasía, pues esta permite abrirse paso hacia los ámbitos de lo imposible.

Toda vivencia sexual está acompañada de imágenes de fantasía. Cuanto más diferenciadas sean esas imágenes, cuanto más conscientemente se perciban y se recuerden, y cuanto más desprejuiciadamente pueda hablarse de ellas sin destruir su misterio, más lúdica será la vivencia sexual».

Paradójicamente, lo sexual se transforma en tabú precisamente si la sexualidad ocurre de manera espontánea, pues en ese caso no existe ninguna necesidad de hablar de ello, mientras que el sexo, en cuanto juego moldeado y escenificado con fantasía permite que cada uno se manifieste y al mismo tiempo guarde secretos.

Diálogo erótico-sexual

Desde un enfoque preventivo, creemos que para un encuentro erótico-sexual feliz el acercamiento debe desarrollarse en tres fases:

1. Descubrir el erotismo y la sexualidad propios / Rescatar la sexualidad auténtica
2. Aprobar la propia sexualidad
3. Crear aptitud para el diálogo en el ámbito sensual-sexual

Durante las primeras dos fases se trata de percibir la propia corporeidad, y de identificar y expresar deseos y necesidades. Soñamos con que nuestro amante haga algo muy especial, y es este quien debería sentir y adivinar lo que necesitamos —y luego nos sentimos decepcionados porque no ha hecho lo que esperábamos. A muchos no agrada cómo su pareja los toca, pero solo son capaces de expresar lo que no quieren y rechazan cualquier intento del otro. O recurren a un rechazo callado, soportando el contacto físico como un mal necesario.

¿Cómo aprender algo sobre nosotros mismos en el ámbito erótico-sexual?

Las siguientes preguntas acerca de la biografía sexual pueden ser útiles:

— ¿Qué papel juega y ha jugado la sexualidad hasta ahora para mí, durante los periodos de soltería y durante las relaciones?

— ¿Es importante para mí el sexo? ¿Cómo lo noto?

— ¿Qué experiencias han marcado mi vida sexual?

— ¿Qué actitudes conscientes e inconscientes hacia mi propia corporeidad me han sido transmitidas por mis padres tanto verbalmente como en los hechos?

— ¿Se ha reflexionado alguna vez sobre ellas, han sido cuestionadas?

— ¿Qué tan grande es mi autoestima, mi autonomía en cuestiones sexuales?

— ¿Puedo hacer algo solo por mí, imponer mis gustos?

— ¿Soy capaz de tomar la iniciativa despreocupadamente y gestionar las dificultades que puedan surgir?

— ¿Soy capaz de expresar mis deseos a mi pareja?

— ¿Qué recuerdos tengo de situaciones sensuales?

— ¿Qué fantasías y sueños se presentan repetida y espontáneamente en mi mente en relación con mi propia sexualidad?

— ¿Deseo vivir esas fantasías?

— ¿Qué me impide vivir esas fantasías?

El deseo no solo está vinculado al amor, pues es parte de la naturaleza de la sexualidad poder tanto incluir como excluir al otro —algo indispensable para una vida sexual plena.

Si todo se concentrara exclusivamente en el otro, esto significaría una enorme carga: A pesar de todo el afecto o precisamente a causa de éste, el otro se sentiría presionado, observado y manipulado, o sencillamente egoísta.

A continuación intentaremos establecer un vínculo emocional positivo tanto con los propios deseos y preferencias, como con la propia corporeidad. Por lo general, tener el valor para ser leal a uno mismo, es decir, para aceptar las respuestas dadas a las preguntas enumeradas más arriba, es la premisa para la autoaprobación. La gestión y la superación de los sentimientos de vergüenza y desvalorización son también aspectos de la aprobación de uno mismo.

Toda estimación, incluso aquella de la propia corporeidad, debe estar fundamentada en sí misma para poder enfrentar las comparaciones. Los hombres se sienten inseguros cuando se encuentran con mujeres experimentadas sexualmente, y las mujeres observan su cuerpo de manera extremadamente crítica. Un buen contacto con uno mismo, sumado a una fundamentación en lo sexual, crea un anclaje sólido con la propia base, que es el ámbito del instinto. Las personas que se sienten seguras en este ámbito, aun de manera inconsciente, que se sienten cómodas con su cuerpo, transmiten una sensación de estabilidad, seguridad y serenidad.

En resumen, en estas dos primeras fases se trata exclusivamente de dar espacio y posibilidades de despliegue a los ámbitos individuales y excluyentes de la sexualidad. Solo cuando se acoge y se acepta lo que es propio, y en consecuencia se puede articularlo y sostenerlo, la pareja puede comenzar a afrontar el tema. El contenido principal de la tercera fase es la creación o la recuperación de la capacidad para el diálogo en el ámbito sensual y sexual.

¿A qué hacemos referencia cuando hablamos de comunicación sensual?

Comunicación sensual significa comunicación a través de todos los sentidos. En nuestra cultura, la vista es considerada el más elevado de los cinco sentidos, pues al ser el sentido más independiente, es el que está más cerca del raciocinio; no está vinculado a la reacción de aquello que se ve y requiere una cierta distancia. El tacto es considerado el sentido más bajo, pues se lo vincula con el deseo y el erotismo. La vista y el tacto se excluyen en casos extremos (como en el voyerismo) pues la verdadera observación presupone que la distancia separa al observador del objeto observado, es decir que dicho objeto no puede ser tocado. El tacto en un sentido erótico siempre hace referencia a otra piel, es decir, a la experiencia recíproca de tocar y ser tocado, de ser al mismo tiempo sujeto y objeto de un diálogo erótico. Podemos ver sin ser vistos, pero en el tacto siempre hay reciprocidad: nadie puede tocar sin ser tocado. En consecuencia, el tacto es, siempre, un diálogo. El tacto presupone la disposición a entregarse a una experiencia de impotencia y dependencia de la que sólo el amante es capaz. Cuando no hay afecto, lógicamente no se desea abandonarse a estas experiencias de entrega, y entre los bandos enemigos se desata una lucha de poder más o menos sutil en la que, a menudo, el sexo es empleado como instrumento de manipulación.

La comunicación sensual es una expresión más tierna, más vital, más corpórea del afecto en forma de miradas, caricias y gestos. Se indica de manera no verbal que se desea la proximidad del otro, que existe un vínculo, que se está de acuerdo, que se siente felicidad, empatía y muchas cosas más. El contacto físico puede curar, consolar, tranquilizar. El contacto físico puede agitar, excitar y eliminar bloqueos. Pero siempre está vinculado a los sentimientos. Las parejas que riñen constantemente o que ya no se soportan evitan el contacto visual y cualquier tipo de roce.

En las disputas destructivas se evitan los sentimientos verdaderos y con ellos la proximidad; con el contacto físico, en cambio, se recuperan las emociones espontáneas e iniciales. Lo que se expresa entonces no son ya reproches, sino la propia consternación, y esta conmueve al otro. La experiencia de autopercibirse y de percibir al otro, de ser tomado en serio por el otro, de sentirse comprendido —aunque sea por un instante— actúa de forma milagrosa y puede hacer renacer la esperanza de un cambio para mejor, y con ella aumentar la disposición a abandonarse a experiencias sensuales. Se trata de la sensualidad en sí misma como expresión corpórea de nuestra presencia en el mundo, como elemento esencial del amor y de una relación sexual plena.

La pareja debe aprender a expresar sus sentimientos y estados de ánimo de manera tanto verbal como no verbal, debe aprender a confiarse e imponerse al otro para crear un mundo de valores sensuales a partir del mundo de las suposiciones y de lo cotidiano. Del intercambio erótico surgirá aquello que deba surgir.

Lamentablemente, las parejas dejan de tratarse con ternura apenas se presentan dificultades sexuales; además, existe una notable falta de creatividad cuando el sexo genital no funciona como es debido. El disgusto inmediato de ambos integrantes de la pareja pone de manifiesto cuán susceptible es el equilibrio entre lo sexual y la autoestima: Mientras que uno de los miembros de la pareja se siente un fracasado, el otro no se cree lo suficientemente atractivo. Esta situación hace evidente cuan restringida es la definición de la sexualidad y cuan dañinas son para el deseo estas restricciones autoimpuestas. Una vez que las parejas descubren la sexualidad propia de cada integrante, que aprenden a defenderla y a transmitirla claramente al otro, se debe estructurar el marco temporal y espacial para el encuentro.

Debe lograrse un equilibrio entre las necesidades de proximidad y de distancia en la relación, pues demasiada proximidad y familiaridad lleva a una pérdida de tensión, y demasiada distancia produce sensaciones de extrañeza y hostilidad irremontables. Además, cada uno de los integrantes de la pareja debe encontrar la proporción adecuada de tiempo laboral y tiempo libre, además de resolver el conflicto entre el papel de padres y la identidad de pareja.

Los sentidos deben aguzarse: a través del cuidadoso tanteo de la sexualidad propia, del descubrimiento de lo nuevo en uno mismo y en el otro, de ver con otros ojos, de escuchar atentamente, de comprender las conexiones, de la comunicación de lo esencial y de los sentimientos compartidos.

Lograr abrir el corazón y desvelar la propia esencia al otro, lograr que la sexualidad se desarrolle sin objetivos y que el deseo de cada uno sea un regalo tanto para el uno como para el otro, nada de eso ocurre gracias a la buena voluntad, a una buena técnica o a una buena intervención terapéutica, sino que depende de la capacidad para amar y de la calidad de la relación.

Asesoramiento a la pareja / Terapia de pareja

Antes de entrar en el tema de la terapia de pareja analítico-existencial, exponemos a través de un diagrama los casos en los que se recomienda el asesoramiento preventivo a la pareja, la orientación general o la terapia de pareja. Básicamente, el asesoramiento y la terapia de pareja se diferencian según el grado de conflicto o de pérdida de amor.

Asesoramiento a la pareja		Terapia de pareja
Preventivo	General (orientación de pareja)	
Motivo		
Elección de pareja	Problemas generales	Síntomas psicosomáticos
Transición del enamoramiento al amor	Dificultades para la comunicación en un ámbito determinado	Dificultades para la comunicación en varios ámbitos
Cambios de vida		
Conflicto		
Aún no se presenta	Grado de conflicto bajo	Grado de conflicto alto
Objetivo		
Evitar la pérdida del amor	Evitar la pérdida del amor	La pérdida del amor amenaza/ha sobrevenido

Vías para alcanzar el objetivo		
Demostración de las posibles consecuencias	Ayuda para la autoayuda	Actuación terapéutica
Educación de la percepción		
Estímulos para la reflexión		
Duración del asesoramiento		
Breve	Breve	Proceso extenso

Naturalmente, el asesoramiento a la pareja no es solamente preventivo; también puede aplicarse en forma de orientación a la pareja en relación a todos los problemas vigentes de la relación, aunque especialmente si:

— se presenta un problema que la pareja no es capaz de resolver sola, o la solución al problema solo es posible con una gran inversión emocional y de tiempo,

— se constata una paralización de la relación de pareja que es percibida negativamente,

— existe y se percibe un deterioro de la comunicación en algún ámbito de la vida de pareja,

— se aspira a la separación (en el marco de la terapia de pareja).

«Ya no podemos comunicarnos».

Así suelen describir las parejas su situación. *«Si logramos volver a hablar, el problema desaparecerá»*. Más allá de que, para ciertas parejas, sería aconsejable evitar conversaciones poco productivas, el problema no suele ser superficial, pues la comunicación no es más que una expresión de lo que está en la base. ¿Cómo puede lograrse hablar benévola y francamente con alguien a quien ya no se aprecia? Aquí nos topamos con los límites de la terapia de la pareja: el amor, un fenómeno emocional natural, no puede influenciarse. A esto se suma que solamente el diez por ciento de las parejas que se separan acude a terapia, y de ese porcentaje solamente un tercio lleva la terapia hasta su fin. El porcentaje de abandono es muy elevado. Conscientes de este modesto éxito, aconsejamos a las parejas tomar medidas preventivas, pues cuando éstas se toman durante las buenas épocas de la relación suelen resultar efectivas a largo plazo.

¿Cuándo hace falta ayuda profesional?

Como orientación adicional para determinar qué medidas son adecuadas en qué momento y para qué síntomas, nos proponemos describir la dinámica de un conflicto en desarrollo. El grado de deterioro es un indicador esencial del límite entre el autoasesoramiento y la necesidad de recurrir a ayuda profesional.

Los conflictos interpersonales en las relaciones de pareja no pueden evitarse. Lo que sí puede evitarse es que se repita conversaciones sin sentido que no conducen a una solución. El camino del deterioro se origina en malentendidos y puntos de vista anquilosados y lleva inexorablemente hacia ámbitos que escapan al dominio y al autocontrol. En estos casos podemos aplicar las siguientes medidas:

Fase 1: Autoasesoramiento

En la primera etapa del conflicto existe aún la posibilidad de resolverlo conjuntamente. Todavía puede encontrarse una solución satisfactoria para ambos si esta se busca con benevolencia, afecto y confianza.

Superar un conflicto lleva a una estabilización de la relación de pareja y aumenta la confianza de cada uno de los integrantes tanto en sí mismos como en la relación y en el otro, todo lo cual puede desembocar en una relación más profunda.

Fase 2: Asesoramiento a la pareja / Terapia de pareja

Si las discusiones sin sentido se hacen frecuentes y las siguientes conductas, actitudes y características se presentan, se recomienda urgentemente un asesoramiento a la pareja o una terapia de pareja.

— Se hacen visibles actitudes hostiles.

— Las posibles decisiones oscilan entre extremos (o una cosa, o la otra)

— Las discusiones están teñidas de emociones, la objetividad pasa a un segundo plano.

— Cada uno de los bandos busca aliados a los que involucrar en el conflicto.

— Ha ocurrido un abuso de confianza.

— Cada miembro de la pareja espera solo cosas negativas del otro.

— Cada miembro de la pareja demuestra interés solo por sí mismo.

— Visiones del mundo diferentes chocan entre sí.

— Las amenazas causan desconfianza y temor.

— Los miembros de la pareja se sienten acorralados.

— Es imposible pensar con claridad.

Poco a poco, la franqueza, la autodeterminación, el diálogo y la creatividad se van perdiendo. En el transcurso de la crisis general se manifiestan también crisis de identidad: los propios pensamientos, sentimientos y voluntades que causaban seguridad y representaban un sostén parecen ahora limitados, y el deseo de mantener la relación disminuye. Se recomienda urgentemente asistir a terapia de pareja si la existencia de la pareja ya no se da por descontado y se cuestiona la continuación de la relación, y también si la pareja ya no está en condiciones de gestionar los conflictos sin ayuda.

Fase 3: Asesoramiento jurídico

Si la pareja no logra detener la dinámica destructiva durante la fase intermedia del conflicto recurriendo al asesoramiento, la terapia de pareja o a una mediación, corre peligro de que el conflicto se siga desarrollando y alcance dimensiones destructivas y violentas. Una separación constructiva no es posible en estos casos —sobre todo en el caso de un matrimonio, solo lo es a través de asistencia jurídica.

Terapia de pareja analítico-existencial

Principios

Antes de describir nuestro modelo de nueve pasos, enumeraremos algunos de los principios de la terapia de pareja analítico-existencial:

1. El enfoque en el presente y el futuro de la pareja es decisivo para la terapia.

2. La terapia de pareja se orienta exclusivamente en las posibilidades (posibilidades de sentido) de la pareja y en las posibilidades que tiene cada miembro de la pareja en el marco de la relación.

3. Ambos integrantes de la pareja son responsables en igual medida del éxito del diálogo.

4. La atención se centra en los recursos de la pareja y no en sus trastornos.

5. Cada cambio al que se aspira debe estar basado en una decisión individual justificada.

6. El trabajo terapéutico está doblemente orientado hacia las soluciones: en relación al pasado, para lograr el desprendimiento de enunciados deterministas, causalidades y acusaciones; en relación al futuro, para fomentar la búsqueda de posibilidades creativas que permitan alcanzar una mayor libertad en el marco de la relación.

Objetivos de las parejas

De acuerdo con nuestras experiencias, las siguientes necesidades básicas de las personas deben verse satisfechas para que una relación sea percibida como satisfactoria, enriquecedora y, en el mejor de los casos, placentera.

La necesidad de

— encuentro,

— equilibrio adecuado entre apego y autonomía,

— ratificación y aumento de la autoestima,

— bienestar psíquico y físico.

Método: El modelo de nueve pasos

La terapia de pareja analítico-existencial que hemos desarrollado consiste en un modelo de nueve pasos. Cada uno de ellos puede aplicarse de manera más o menos intensiva de acuerdo con la magnitud de los problemas a resolver.

La totalidad del procedimiento terapéutico del modelo de 9 pasos puede ser aplicada por las parejas también en el marco de un autoasesoramiento.

El modelo prevé los siguientes pasos:

1. Exponer el problema (primera sesión)
2. Establecer un objetivo
3. A. Localización de la pareja
   B. Situación personal de cada uno en el marco de la pareja
4. Crear aptitud para el diálogo a través de la toma de posiciones
5. Análisis de valores
6. Biografía de la relación
7. Destino
8. Perspectivas / Anhelos
9. Conclusión de la terapia

1. Exposición del problema

Durante la primera sesión se trata principalmente de determinar el estado de las cosas y recopilar información. Se sondean los ámbitos problemáticos en el marco de la pareja y se estructuran los hechos.

Se identifica además la calidad de la comunicación (atenta, distante, peyorativa, agresiva, comprensiva, etc.) y la aptitud de la pareja para encontrar soluciones:

¿Qué intentos de solución ha habido hasta el momento?

¿Qué estrategias de conflicto se ha aplicado y se aplicarán?

¿En qué grado de recrudecimiento se encuentra el conflicto de la pareja?

Se plantean las siguientes preguntas:

— *¿Qué preocupa a cada uno?*

— *¿Qué preocupa a la pareja?*

— *¿Qué expectativas se ha puesto en la terapia de pareja y en los terapeutas?*

— *Las dificultades, ¿son una consecuencia de la dinámica de la pareja, o de las dificultades personales de uno de los integrantes?*

El cierre de la primera sesión debería consistir en una definición clara del objetivo.

2. Establecer un objetivo

En este paso también favorecemos un enfoque orientado a la solución, de terapia breve y fenomenológico, concentrándonos exclusivamente en la definición del objetivo de la pareja. Debe darse un lugar importante a la definición del objetivo común de la pareja para asegurarse de que, desde el punto de vista terapéutico, se trabaja en la dirección correcta.

Si los objetivos no están claramente definidos, los logros también serán difusos, y si los objetivos de los integrantes de la pareja se contradicen entre sí, no será posible trabajar de manera conjunta. Por experiencia sabemos que, a menudo, definir objetivos no es posible cuando la pareja está profundamente sumida en el conflicto. En estos casos es aconsejable pactar objetivos parciales factibles, que más adelante puedan ser transformados en un objetivo más general.

De todos modos, el objetivo establecido puede modificarse durante toda la duración de la terapia. Por ejemplo, si una pareja que ha establecido como objetivo mejorar la relación llega durante la terapia a la conclusión de que una separación es lo mejor, o el caso contrario, una pareja que se proponía separarse decide permanecer unida.

La terapia comienza una vez se ha establecido un objetivo concreto, razonable y formulado de manera positiva. Puede llevar algún tiempo hacerlo, pues la mayor parte de los clientes definen su objetivo a través del problema y por lo tanto describen su objetivo de manera negativa («Queremos deshacernos del problema»). Si la pareja establece con la mayor exactitud posible los criterios positivos de éxito, puede reconocer con mayor claridad cuándo y cómo se ha acercado a su objetivo. Un objetivo común reduce los miedos y las agresiones, pues una vez se ha establecido ya no puede escindirse entre «tu problema» y «mi problema». Además, la intención de trabajar juntos en busca de una solución libera más energía creativa.

3. A. Localización de la pareja

La localización completa la información recabada hasta el momento y se enfoca en la situación general de la pareja. Se revela cuáles son los ámbitos afectados negativamente pero también cuáles se han mantenido intactos.

Las preguntas sobre la localización de la pareja ayudan a sus integrantes a realizar un balance de su relación y aportan información sobre la calidad del vínculo:

— *¿Dónde nos encontramos como pareja?*

— *¿Qué nos agrada de nuestra relación?*

— *¿Se han cumplido nuestros deseos y expectativas?*

— *¿Nos elegiríamos otra vez el uno al otro?*

— *¿Vivimos nuestra propia vida?*

— *¿Cómo es nuestra rutina?*

— *¿Qué nos enriquece, qué trastornos nos afectan?*

— *¿Cómo gestionamos los conflictos? (temas tabú, estilos de conflicto)*

— *¿Resolvemos los problemas que se presentan?*

— *¿Existe el peligro de que nos desarrollemos en direcciones diferentes?*

— *¿En qué ámbitos nos fomentamos mutuamente?*

— *¿Qué posibilidades nos abrimos el uno al otro?*

— *¿En qué consiste nuestro mundo común?*

— *¿Qué imagen tenemos el uno del otro?*

— *¿Estamos dispuestos a cambiar esa imagen?*

— *¿En qué ámbitos nos comunicamos bien / en cuáles no podemos comunicarnos?*

— *¿Podemos divertirnos juntos? ¿Qué nos hace reír?*

3.B. La situación personal de cada uno en el marco de la pareja

Se busca determinar cómo se siente cada uno de los integrantes en el marco de la pareja, es decir, si se siente a gusto y amparado, o si siente que el otro limita sus posibilidades.

— *¿Siento que hay en mí un potencial que no puedo vivir en el marco de esta relación?*

— *¿Cuándo me siento dependiente, abandonado/a, usado/a?*

— *¿Cuándo me siento fortalecido/a, amparado/a?*

— *¿Echo en falta algo que mi pareja podría darme?*

167

4. Crear aptitud para el diálogo a través de la toma de posiciones

La terapia de pareja analítico-existencial estimula la capacidad de diálogo de la pareja a través de cuestionamientos personales y provocaciones que conducen a la toma de posiciones. Esto constituye el núcleo de la terapia de pareja analítico-existencial.

Además de la toma de posición respecto al otro miembro de la pareja, debe tomarse posición, sobre todo, respecto a uno mismo. Las respectivas tomas de posición en presencia del otro favorecen el conocimiento mutuo y la comprensión de los motivos de cada uno. Así se realiza un análisis existencial libre de acusaciones.

— *¿Qué podría cambiar concretamente en mi comportamiento para mejorar la relación?*

— *¿Me gustaría estar casado/a conmigo mismo/a?*

— *¿Qué me molestaría?*

— *¿Qué me agradaría?*

— *¿Puedo entender por qué mi pareja se comporta de esa manera?*

— *¿En qué percibo mi amor?*

5. Trabajo de valores

Una vez que se consigue cierta capacidad para el diálogo, la terapia se profundiza cuando la pareja entra en relación con diversos valores.

Por un lado, se recuperan valores sepultados; por el otro, se fomenta el surgimiento de un mundo de valores común a ambos.

— *¿Amo a mi compañero/compañera y qué amo en él/ella?*

— *¿En qué percibo su amor?*

— *¿Qué me enorgullece de mi compañero/compañera?*

— *¿Qué es lo especial de nuestra relación?*

— *¿En qué aspectos puedo confiar en el otro?*

— *¿Qué quedaría si mi compañero/compañera ya no estuviera?*

— *¿Qué es lo irremplazable de él/ella?*

6. Biografía

Conocer la historia y la trayectoria de la pareja es muy útil para el trabajo de los valores. Los aspectos biográficos revelan datos útiles sobre los fundamentos de la relación, pues reactivan el recuerdo sobre las razones para haber elegido al otro. Así se retoma el contacto con los valores originales.

— *¿Qué me atrajo de mi pareja en un primer momento?*

— *En aquel entonces, ¿me decidí por mi pareja?*

— *¿Cómo comenzó nuestra relación?*

— *¿Cuál era nuestra visión común?*

— *¿Cuál era nuestro mundo y cómo se ha desarrollado?*

7. Destino

Si la causa del conflicto no puede modificarse, las preguntas sobre los aspectos irremediables adquieren especial prioridad, pues aportan una dosis mayor de realidad a la relación y contrarrestan los sentimientos de ser «víctima». Lo irremediable de la relación solo puede ser afrontado con aceptación o con un cambio de valores.

Estas cuestiones son significativas cuando no se acepta características inalterables del otro miembro de la pareja, como rasgos corporales, discapacidades, origen, temperamento, inteligencia u obligaciones familiares que constituyen barreras de hecho:

— *¿Con qué circunstancias debo convivir?*

— *¿Conocía yo esas circunstancias desde el comienzo de la relación?*

— *¿Qué ha cambiado para que yo ya no pueda vivir con ellas?*

— *¿Qué dificultades me plantean?*

8. Perspectivas / Anhelos

Hacia el final de una terapia, se enfoca el futuro mundo de valores común a ambos miembros de la pareja. Conocer los anhelos no vividos y los futuros objetivos del otro miembro de la pareja abre paso a una tensión que permite descubrir nuevas facetas del otro.

Se elaboran perspectivas tanto individuales como comunes a través de las cuales se crea un diálogo fructífero e interesante sobre el futuro:

— *¿Qué puedo descubrir todavía sobre el otro?*

— *¿Existen aún actividades a las que deseamos dedicarnos juntos?*

— *De las actividades que realiza mi pareja, ¿cuáles me interesan?*

— *¿Sé si mi pareja me estimulará o me limitará durante mis futuras actividades?*

— *¿Existen todavía anhelos comunes que deseamos hacer realidad?*

— *¿Qué anhelos son fáciles de realizar?*

— *¿Qué sensaciones me causan los anhelos del otro?*

9. Conclusión de la terapia

El final de la terapia debe decidirse de común acuerdo entre la pareja y el terapeuta. Desde el punto de vista terapéutico, se justifica finalizar la terapia cuando la pareja está en condiciones de resolver de manera sostenible y en favor de ambos los conflictos que se presenten, y cuando ya no existan dificultades significativas en la comunicación.

La sesión final puede extenderse a lo largo de varias horas, aunque los cambios deben ser asumidos a posteriori y la pareja debe comprobar hasta qué punto estos cambios se viven de manera consciente y son estables. Para la elaboración de este modelo partimos del objetivo de una mejora de la relación; naturalmente, también es posible que la pareja decida separarse y aspire a hacerlo de buena manera con la ayuda del terapeuta. En ese caso, la terapia de pareja se desarrollará de otra forma, a la que hacemos referencia en el capítulo «Capacidad para separarse».

Historia de un caso: El matrimonio M.

A continuación ilustraremos de manera esquemática nuestro proceder analítico-existencial a través de la descripción de una terapia que se extendió durante un lapso de ocho meses.

Situación inicial:

La Sra. M. solicita telefónicamente un asesoramiento, pues se encuentra en una situación que le resulta insoportable y siente que está al límite de sus posibilidades. Como causa principal de su estado nombra a su cónyuge. Durante la conversación se le sugiere iniciar una terapia de pareja. La Sra. M. acepta la propuesta, que transmitirá a su cónyuge. Días más tarde se pone en contacto nuevamente para acordar una cita para la terapia de pareja.

1. Exposición del problema vigente

Durante la primera sesión, la Sra. M. declara que su esposo no la ayuda en absoluto con los asuntos familiares, que no tiene tiempo para ella y que ya no existe una relación sexual entre ambos. El Sr. M. declara que su esposa es agresiva y hostil, y que tampoco le dedica tiempo.

Ambos miembros de la pareja constatan que esta situación persiste desde hace un año y medio y que, aunque siguen viviendo juntos, ya no existe una verdadera relación. Durante el periodo más reciente ya no ha habido nada en común. La Sra. M. agrega que su esposo debería cambiar, pues ella no tiene conciencia de culpa alguna.

La Sra. M. tiene 34 años, es asistente médico técnico y actualmente aún se encuentra de baja por maternidad. El Sr. M. tiene 39 años y es mando intermedio en una empresa comercial. Se conocieron hace diez años, contrajeron matrimonio hace siete y tienen dos hijos de seis y tres años.

Muy pronto se demuestra que el estilo de comunicación de la pareja es muy agresivo, que ambos tienen grandes problemas para escuchar al otro y que todos los intentos de mejora emprendidos hasta el momento han sido en vano. El estilo del conflicto se caracteriza, por un lado, por la respectiva imposición de los intereses propios sin disposición para el compromiso, y por el otro por la negación y la evasión. La pareja está tan presa en su conflicto que se comunica casi solo a través de mutuas acusaciones. Ambos miembros de la pareja buscan reconocimiento y exculpación por parte del otro. También es evidente que los problemas personales han jugado un papel importante.

Actualmente, el Sr. M. tiene grandes dificultades en su vida profesional, algo que requiere toda su energía, por lo que la Sra. M. se siente desatendida, abandonada con el cuidado de los hijos, y rechazada.

2. Establecer un objetivo

La Sra. M., que había amenazado también con separarse, pudo, tras algunas horas de terapia, pactar con su esposo que el objetivo debía ser la mejora de la relación y no la separación. Se estableció como objetivo inmediato acabar con las desmoralizantes peleas e instaurar tranquilidad en la relación. El deseo compartido de continuidad de la relación y la desorientación sobre el procedimiento para lograrla constituyeron las bases del trabajo terapéutico.

3. Localización de la pareja

Durante esta fase examinamos nuevamente si ambos miembros de la pareja estaban verdaderamente interesados en una mejora de la relación y si las dificultades tenían su origen realmente en la dinámica de la pareja y no eran el resultado de dificultades personales de alguno de los integrantes.

Pudo constatarse un consenso respecto a la decisión de ser padres: ambos aman profundamente a sus hijos. En muchos otros ámbitos (sexualidad, perspectivas de futuro, intereses) encontramos pocos puntos de conexión.

4. Crear capacidad de diálogo a través de la toma de posiciones

En esta etapa se intentó intervenir en diversos ámbitos en los que el diálogo se había interrumpido o desembocaba en disputas. La pareja fue animada a expresar sus necesidades y deseos de manera inequívoca y en primera persona.

La Sra. M. (exaltada y agresiva): *«A ti no te interesamos ni yo ni la familia. ¡Cuando llegas a casa te sientas frente al televisor o te duermes detrás del diario!»*

(Estos últimos son mensajes dirigidos a la otra persona, que transmiten juicios sobre el otro: Eres un mal marido y un mal padre, etc.)

El Sr. M. calla.

Terapeuta: «*¿Qué quiere decirle a su esposo con eso?*»

La Sra. M. intenta otros enfoques, pero no logra expresar con exactitud lo que quiere. Se logra, sin embargo, encauzar la verborragia. Intenta formular las frases de otra manera y dice a su marido, algo más calmada: «*Me molesta que te sientes frente al televisor cuando llegas a casa*».

El Sr. M. calla.

El terapeuta pregunta (suplantando al Sr. M.): «*¿Por qué te molesta tanto?*»

La Sra. M. responde ahora calmadamente: «*Me molesta porque me gustaría hablar contigo*».

Terapeuta: «*¿Sobre qué te gustaría hablar?*»

Sra. M.: «*Estoy todo el día en casa sola con los niños y me gustaría contarte lo que ha pasado, y también quiero saber qué has hecho tú*».

(Estos últimos son enunciados en primera persona, que transmiten mensajes sobre quien los manifiesta: Tengo interés en ti, etc.)

El Sr. M. interviene: «*Cuando regreso a casa por la noche estoy cansado y agobiado. Me molesta que empieces a pelear enseguida. Yo solo quiero ver las noticias*».

175

A continuación se logró, a través de la toma de posición de cada uno, que se comprendiera los motivos del otro. De este modo pudieron reducirse las acusaciones mutuas.

La Sra. M. reconoció que no solamente su esposo debe expresar aprobación y también que sus quejas hacían que él se replegara. El Sr. M. se propuso resolver sus problemas laborales y en el futuro tomarse más tiempo para su esposa y sus hijos. La Sra. M. sufría mucho a causa de la informalidad de su esposo, sobre todo de su falta de disciplina para respetar los acuerdos. Por lo tanto, durante esta etapa se prestó especial atención a que ambos cumplieran los acuerdos de manera vinculante, con el objetivo de evitar nuevas desilusiones y recaídas. Con el Sr. M. se trabajó exhaustivamente para que prometiera solamente aquello que podría cumplir.

El Sr. M. tendía a decir «sí, sí» rápidamente para escapar a las agresiones de su esposa y no ser molestado a corto plazo. Había adoptado esta conducta muy temprano con su madre, también agresiva, de modo que ya estaba anclada en su biografía personal. Ahora, ese comportamiento actuaba como un bumerang que lo golpeaba cada vez y hacía que la relación empeorara. La experiencia de poder decir «no» a su esposa sin desencadenar consecuencias negativas ayudó a distender la situación en general.

5. Análisis de valores

El matrimonio tenía grandes dificultades para encontrar una definición común de la pareja. Se definían más a través de sus papeles que del amor: la conciencia familiar estaba muy desarrollada, pero la conciencia de pareja se presentaba atrofiada. La Sra. M. estaba orgullosa de su cónyuge en cuanto se hacía valer como emprendedor y padre de familia. El Sr. M., por su parte, apreciaba a su esposa por sus cualidades de ama de casa y de madre.

6. Biografía de la relación

Puesto que el análisis de valores no fue demasiado fructífero, intentamos desvelar, a través de la biografía, qué había unido al Sr. y la Sra. M. al comienzo de su relación. La digresión a los inicios de la relación sirvió para recuperar sentimientos del pasado que fomentaron el análisis de valores. Cuando se les preguntó qué los había llevado a ser pareja, el Sr. M. indicó que apreciaba la confiabilidad de su esposa y el hecho de que ella hubiese mostrado interés por él, que había sentido el deseo de ella de fundar una familia y que pensó que podía ser una buena madre para sus hijos. La Sra. M. relató que su esposo había contribuido en gran medida a aumentar su autoestima, que él también había demostrado un intenso interés por ella, que tenían un buen nivel de conversación y que realizaban muchas actividades juntos.

Sobre una posible recuperación y restauración de todo aquello que alguna vez disfrutaron y los vinculó, la pareja comunicó que se proponía volver a salir juntos por la noche y asistir a actividades, además de conversar.

7. Destino

Este aspecto ocupó mucho tiempo en la terapia porque la pareja debía cuidar de un niño enfermo, algo que en parte colisionaba con los deseos profesionales de la Sra. M. En principio, la Sra. M. estaba de acuerdo con su papel de ama de casa y madre, aunque a menudo se sentía desbordada. El Sr. M. estaba pasando por una etapa difícil en su trabajo.

La posibilidad de que su cónyuge trabajara menos no habría significado una ganancia para la Sra. M., que no deseaba modificar ni su estatus social ni su estándar de vida. Cuando tomó conciencia de que para conservar ese estatus social hacía falta un gran esfuerzo personal y que éste podía significar una sobreexigencia, se logró un efecto de distensión.

8. Perspectivas y anhelos

Ambos establecieron como objetivo una vida sexual medianamente satisfactoria, salidas juntos y visitas al teatro.

9. Conclusión de la terapia

Tras algunos meses de terapia pudo restablecerse una base para el diálogo entre el Sr. y la Sra. M. que poco a poco se sostuvo también fuera del ámbito de la terapia. La actitud del uno hacia el otro se hizo más considerada y se comenzó a tener en cuenta los deseos y necesidades del otro. Lo acordado se respetó y la gestión del día a día pudo mejorarse.

Con algunas sesiones de asesoramiento en el marco de la terapia pudo lograrse que el Sr. M. gestionase mejor sus problemas laborales. De este modo encontró más tiempo para ayudar a su esposa y para estar juntos. La relación sexual se retomó y esto llevó a una estabilización de la relación.

Se mantuvo el déficit acerca de las perspectivas de futuro, sobre las que no se logró un enfoque concreto. De todas maneras, se finalizó la terapia de común acuerdo y se convino realizar conversaciones reflexivas de tanto en tanto. Además, nosotros nos pusimos a disposición para situaciones de especial dificultad.

Especificaciones de la terapia de pareja

Encuadre

Terapia de pareja individual

Por lo general, las sesiones de una terapia de pareja clásica se realizan con ambos miembros de la pareja, pero también existen casos y situaciones en los que, de manera provisoria o alternativa, es ventajoso trabajar con un solo miembro de la pareja. Esto es recomendable sobre todo para evitar «ofensas» cuando se tiene la sensación de que los integrantes de la pareja se proponen humillarse mutuamente y herirse, y no están en condiciones de renunciar a las acusaciones mutuas.

Otra forma de terapia de pareja o de asesoramiento a la pareja se aplica cuando solo uno de los integrantes decide acudir a terapia: En ese caso, es imprescindible que el terapeuta no albergue prejuicios sobre el miembro de la pareja que no está presente. Esto nos parece especialmente digno de subrayar, pues el miembro de la pareja que no desea ser tratado no es necesariamente el culpable de los problemas en la relación. La actitud hacia el miembro ausente de la pareja también debe estar definida por la comprensión y la aceptación. No debe olvidarse que los terapeutas siempre escuchamos solamente una parte de la «verdad» y que debemos prestar atención a no acentuar posibles polarizaciones con suposiciones injustificadas. El miembro ausente de la pareja puede además ser involucrado en un momento posterior, cuando ya no deba temer que el terapeuta tome partido.

En el caso de una terapia a la que acuda (temporalmente) solo un miembro de la pareja, es imprescindible que el cliente responda a las siguientes preguntas:

— *¿Quiere que el otro miembro de la pareja acuda a la terapia?*

— *¿Por qué cree que su pareja no acude a la terapia?*

— *¿Qué resultados espera obtener para su relación a través de la terapia?*

Factores de eficacia

Algunos ejemplos de la eficacia terapéutica que se espera constatar en la relación de la pareja son:

— la comprensión mutua

— la mención y el abordaje de temas desconocidos y molestos,

— la identificación de las diferentes realidades de los miembros de la pareja,

— el conocimiento de aquello que el otro necesita en su situación vital,

— un mejor trato con el otro y con uno mismo junto al otro,

— la puntualización de opiniones, deseos, expectativas y esperanzas,

— la toma de conciencia de lo que debería ser.

Ilustramos a través de un fragmento de una terapia cómo puede alcanzarse la comprensión mutua e identificarse las diferentes realidades de los miembros de la pareja. En el transcurso de una terapia, un hombre se lamenta sobre la exagerada pusilanimidad de su esposa. Sus temores le parecen desproporcionados y no puede comprenderlos. Se siente abandonado e incomprendido.

Hombre: «*Yo no conozco el miedo*».

Terapeuta: «¿Qué podría causarle miedo?»

Hombre: «*La idea de que pudiera ocurrirle algo a algún miembro de mi familia*».

Terapeuta: «¿Ya lo ha vivido alguna vez?»

Hombre: «*Sí, cuando mi madre estuvo gravemente enferma*».

Terapeuta: «¿Y en otro tipo de situaciones?»

Hombre: «*Sí. Cuando pienso que mi mujer podría dejarme*».

El hombre se sume en sus pensamientos y expresa espontáneamente que es posible que siempre haya reprimido su miedo, pues no sabe qué hacer con él. Su esposa lo consuela: «*¡No eres el único que tiene miedo!*» Tomando conciencia de sus propios miedos, el hombre logra identificar y también comprender los miedos de su esposa. Ella se muestra sorprendida y lo ve desde un punto de vista diferente: «*Si alguien me hubiera preguntado si tú conoces el miedo, les habría dicho que seguramente no*».

El descubrimiento por parte del hombre de sus miedos tanto irracionales como justificados abrió un nuevo canal de comunicación para la pareja.

Separación temporal

Una intervención terapéutica importante, aunque muy drástica para la pareja, es la separación temporal. Tiene sentido cuando existe un conflicto de larga data o una gran crisis que no han podido ser resueltos ni a través de los intentos de la pareja ni de intervenciones terapéuticas anteriores.

Los síntomas más frecuentes de crisis son:
— Disputas constantes
— Interrupción de la comunicación
— Infidelidades.

En muchos casos, estos síntomas provocan dudas sobre la existencia del amor hacia el otro, sobre si se desea permanecer juntos o si la pareja ha de separarse, y sobre si una separación definitiva sería la mejor solución.

Ventajas de la separación temporal:
— Surgen temores constructivos que evidencian lo que se perdería
— Se gana claridad y nuevas perspectivas sobre las causas del conflicto
— La distancia permite reflexionar sobre la propia conducta y comunicación, y percibir al otro nuevamente en su totalidad

— Se pone a prueba los propios valores y sentimientos: ¿Qué falta? ¿Que anhelos perduran, en qué ámbitos se experimenta alivio? ¿Qué miedos y dependencias persisten?

— Se recupera la autonomía y la confianza en uno mismo al ver que la vida también puede vivirse solo, reviviendo ámbitos descuidados y reactivando capacidades que habían sido abandonadas o desarrollando capacidades nuevas

— Se analiza la cotidianidad y se la despoja de lastres del pasado

— Se define una eventual relación paralela y se toma una verdadera decisión.

En los casos en los que hay disputas constantes, la separación temporal puede ser un medio para revertir la escalada de la contienda pues, al estar separados, los miembros de la pareja no pueden pelear; pero también puede tener el efecto contrario, pues la separación que amenazaba puede transformarse en realidad. En cualquier caso, es un periodo de prueba que aporta mucha información, durante el que se perciben con mayor claridad los conflictos vigentes y puede experimentarse de forma realista cómo sería la vida sin el otro. La separación temporal también puede resolver dependencias y embrollos para que, una vez hecho esto, se pueda continuar la relación de igual a igual y de manera más constructiva.

Una condición para el éxito de la separación temporal es que esté basada en un mínimo de confianza, que sea interpretada como un proyecto común y que lleve al autoexamen y la autocrítica. Solo así será posible que se produzcan cambios en la dinámica de la relación, en las actitudes y en la comunicación de la pareja.

Durante esta etapa se recomienda el acompañamiento profesional de la pareja, pues la separación temporal debe aprovecharse para llegar a acuerdos y pactar normas claras. En situaciones de crisis, las parejas sienten mucho miedo de que la relación pueda romperse definitivamente. Éste y otros temores enturbian los pensamientos y la claridad de las emociones; en consecuencia, un autoasesoramiento representaría una sobreexigencia para la mayoría de las parejas.

Cada pareja debería estructurar su separación de forma individual. Por esa razón, mencionamos a continuación los temas y/o preguntas que habría de plantearse para lograr condiciones vinculantes para ambos:

— ¿Cuánto durará la separación?

— ¿Quién abandona el hogar y adónde va?

— ¿Cómo se anuncia la separación a padres, hijos, amigos?

— ¿Es necesario anunciar la separación o existe la posibilidad de tratar el asunto con discreción?

— ¿Quién se ocupará de los niños, cuándo y cómo?

— ¿Con qué frecuencia habrá contacto?

— ¿De qué se hablará?

— ¿Qué se hará juntos?

— ¿Qué debe evitarse?

— Definición y decisión respecto a una relación paralela.

Resumiendo nuevamente de forma breve, la separación temporal debe permitir trabajar en los valores para:

— Crear un ambiente más distendido, en el marco del cual pueda tratarse temas conflictivos

— Resolver poco a poco las causas de la crisis

— Desactivar los problemas observándolos desde otros puntos de vista y evaluándolos de otro modo

— Dar prioridad a lo esencial, para que pueda volver a surgir aquello que conquistó al otro al principio

— Evaluar si existe suficiente afecto mutuo como para aspirar a un futuro común.

La separación temporal es un modelo que requiere autonomía, capacidad para relacionarse y un cierto grado de aptitud para amar, o por lo menos la voluntad para desarrollarla en el caso de constatar que existe una carencia en ese sentido. Hace falta valor y confianza para entregarse a un experimento que reduce la cohesión familiar, material y organizativa, para darse nuevamente libertad, autonomía y dignidad uno al otro. Se trata de abandonar una infeliz «comunidad del destino», a menudo crispante, para concederse la posibilidad de conocerse y de elegirse nuevamente o por primera vez.

Terapia de pareja / Terapia sexual

Durante el transcurso de la terapia, la sexualidad de la pareja siempre se menciona, o incluso puede ser su detonante. Se plantea el interrogante sobre si la sexualidad es un tema central para los terapeutas de pareja o si este ámbito debe dejarse en manos de un terapeuta sexual.

Comenzamos con una breve observación sobre la diferencia entre terapia sexual y terapia de pareja:

Algunas parejas saben si sus dificultades son de naturaleza sexual o de otra naturaleza, y tras hacer su propia evaluación, se deciden por uno u otro tipo de terapia. La mayor parte de las parejas, sin embargo, no puede determinar con precisión cuál es la causa de sus problemas, y es tarea del terapeuta definir las competencias estableciendo la prioridad de la terapia.

En la mayor parte de los casos, las áreas están entrelazadas entre sí, pues los problemas sexuales siempre deben analizarse de manera holística: Si la causa es física, se desencadenan problemas psíquicos y, a su vez, las cargas psíquicas y los conflictos afectan el aspecto físico de la comunicación sexual.

Dado que los conflictos de pareja conducen a trastornos sexuales y los trastornos sexuales pueden conducir a conflictos de pareja, se debe identificar cuál ha surgido primero. En la práctica, los límites no están claros y por ello un terapeuta sexual necesita experiencia también en terapia de pareja, del mismo modo que un terapeuta de pareja también necesita conocimientos de terapia sexual. En general puede decirse que, si la estructura de la relación de una pareja está intacta, pero la interacción sexual está afectada, las parejas o los individuos acuden a una terapia sexual: «Nos queremos, pero en la cama no funciona».

Los síntomas principales de los trastornos sexuales funcionales, por lo general delimitados claramente, están relacionados con la impotencia, la penetración y el orgasmo. En estos casos se interviene principalmente de manera esclarecedora y conductista, para combatir el miedo al fracaso y la ansiedad anticipatoria.

A la terapia de pareja, en cambio, acuden en su mayoría parejas afectadas sobre todo por problemas en la relación y trastornos sexuales no funcionales entre los que predominan la apatía sexual y el rechazo. Para estar seguros de que los síntomas no son de origen orgánico, debe remitirse a los miembros de la pareja al ginecólogo y al andrólogo respectivamente.

Intersecciones de la terapia de pareja y sexual	
Terapia sexual	Terapia de pareja
En principio sin problemas de relación	Problema en la relación ↓
Disfunciones sexuales (p.ej. trastornos de la erección o del orgasmo) ↓ Problema en la relación	Trastornos sexuales no funcionales (p.ej. falta de deseo, asco, pérdida de ternura y erotismo) y también trastornos funcionales

Trastornos en la comunicación sexual

La sexualidad sigue describiéndose de manera parcial, alejada de la realidad y cargada de prejuicios. Por un lado, estamos sometidos a un bombardeo de mensajes que reflejan el espíritu de nuestro tiempo, que reclaman un cuerpo y un rendimiento perfectos, y por el otro, a la persistencia de mitos muy interiorizados (frecuentemente religiosos) que han sido transmitidos de generación en generación e influyen de manera subliminal en el enfoque personal de la sexualidad.

Los trastornos sexuales no siempre tienen su origen en problemas de la relación. Existen relaciones amorosas sin ninguna o con poca comunicación sexual que los integrantes de la pareja perciben como auténticas, positivas y adecuadas. Pero el abismo que existe entre las experiencias sexuales propias y la supuesta libertad sexual estandarizada que se nos ha impuesto causa inseguridad e impide una aproximación a lo personal.

La revolución sexual no solo propició la libertad, sino también la presión, pues desde entonces se puede hacer lo que se quiere —pero no se sabe ni lo que se quiere ni cómo se lo quiere. Las comparaciones desconciertan a las parejas: si su vida sexual no es tan extática y turbulenta como supuestamente la de todos los demás, suele concluirse erróneamente que la relación no funciona. En estos casos falla tanto la confianza en sí mismo como la comunicación acerca de la propia sexualidad.

A continuación enumeramos algunos de los mitos más arraigados que limitan la libertad de acción sexual:

— No se habla de intimidades

— No se le puede exigir «eso» al otro

— En una buena relación, la pasión no se acaba nunca

— La mujer es pasiva, el hombre es activo

— Los hombres solo piensan en eso

— El sexo debe ocurrir de manera espontánea

Desde el punto de vista terapéutico, estos mitos tienen mucho significado, pues causan inseguridad, desencanto, una sexualidad impuesta y falta de comunicación verbal. El peligro de los mitos es que estos se establecen como norma, como verdad general, y dejan de ser cuestionados. Por esa razón tienen un carácter impersonal y hostil. Atenerse a los mitos sin espíritu crítico conduce a una pérdida de la conexión con uno mismo: el diálogo interior se deteriora y con ello surgen malentendidos, incongruencias y una insatisfacción difusa, al mismo tiempo que patrones de infelicidad y sistemas cerrados que hacen imposible un análisis.

Para descifrar y desactivar estas influencias, es necesario reflexionar sobre ellas y analizarlas sobre el trasfondo de las propias experiencias reales. Si uno de los integrantes de la pareja opina que el sexo no tiene importancia para la relación, pero el otro tiene la opinión contraria, es decir, que el sexo es muy importante para la relación (una opinión que no suele exponerse por ser considerada moralmente inferior a aquella del otro miembro de la pareja) a corto o largo plazo surgirá una discrepancia imposible de superar.

Lo sexual ha de subordinarse al amor, la razón y la moral de acuerdo con el lema «si nos amamos, todo se arreglará», o a una intención secreta: «ya conseguiré lo que necesito en otra parte». Así, la devaluación del otro miembro de la pareja, calificado de «frígida» o «impotente» justifica la infidelidad.

Anteponemos aquí la influencia de los mitos sobre la sexualidad, pues las respectivas creencias sobre el tema acompañan el trabajo terapéutico como una música de fondo y deben ser tenidas en cuenta.

En la práctica se presentan sobre todo dos tipos de trastorno de la comunicación sexual:

1. Trastornos sexuales originados en los conflictos de pareja

2. Problemas de pareja originados en disfunciones sexuales individuales

1. Trastornos de la comunicación sexual causados por un problema de pareja

La observación y las consultas cautelosas sobre el tema han demostrado que los problemas de comunicación mencionados por las parejas siempre incluyen limitaciones en la comunicación sexual y sensual, y por lo tanto juegan —aunque a menudo de forma no manifiesta— un papel esencial.

Al terapeuta de pareja no se le expondrá, como al terapeuta sexual, la impotencia como síntoma, sino que se hablará de la negación de la comunicación (elusión, obstrucción de situaciones íntimas, falta de deseo) algo que en el ámbito físico es similar a una impotencia, pero que es vivida por el afectado como algo «lógico» y no patológico. La pareja intuye o sabe que lo que falla es la relación.

En su mayoría, las dificultades en la comunicación se originan en ofensas y decepciones que no han sido olvidadas ni perdonadas. En casi todas las relaciones conflictivas, uno o ambos miembros de la pareja se han sentido abandonados, traicionados o vendidos por el otro en alguna situación difícil ocurrida en algún momento de la historia común. El menoscabo de la confianza y el repliegue entorpecen o evitan la posibilidad de que se afronte y analice la situación. El conflicto no manifiesto puede minar la relación a lo largo de los años, aunque su causa ya no esté presente de forma consciente.

Todos evitan el tema y es precisamente a través de su silenciamiento que se abre paso a la actuación del cuerpo. Por lo general se trata de consecuencias de la pérdida de amor y de las luchas de poder resultantes, que la pareja, o el más débil de sus miembros, expresa solamente a través de su cuerpo en forma de negativa sexual, síntomas psicosomáticos, rigidez, falta de deseo o sensaciones de asco.

Las repercusiones de los problemas de pareja se manifiestan, como decíamos, también en el ámbito sexual: en la pérdida de ternura y erotismo, en una reducción del diálogo amoroso a nivel somático que puede ser parcial o total; puede que no haya sexo o que lo haya de un modo diferente, pues el control, los trastornos en la entrega o las agresiones causan una modificación profunda de la experiencia sexual.

A continuación, describimos las intersecciones entre la terapia de pareja y la terapia sexual a través de un caso:

La señora S. hace una cita por teléfono para asistir a terapia de pareja. El motivo que menciona es el miedo que le provocan las actitudes violentas de su esposo. Durante la primera sesión sale a la luz que la señora S. ha sido infiel a su marido y que éste, presa de la ira, ha querido echarla de la casa.

El matrimonio S. está casado desde hace 18 años y tiene tres hijos. La pareja se casó por «decencia», porque la señora S. había quedado embarazada poco después de que se conocieran. En aquel entonces ninguno de los miembros de la pareja tenía demasiada experiencia sexual. El sexo funcionaba de alguna manera, sin que nunca se hablara o se reflexionara sobre el tema.

La infidelidad de su esposa hizo pensar al señor S. que no era lo suficientemente «bueno» en la cama y comenzó a compararse mentalmente con su rival, algo que condujo a la pareja a un círculo vicioso de autoobservación que desencadenó grandes inseguridades. La vida sexual de la pareja se paralizó. El Sr. S. necesitaba urgentemente el reconocimiento de su esposa, pero no encontraba palabras para expresarlo.

Desde el punto de vista de la terapia de pareja se intervino para mejorar la capacidad de diálogo con el objetivo de reestablecer la comunicación y en consecuencia mejorar la calidad de la relación sexual.

Desde el punto de vista de la terapia sexual se intervino para apoyar los esfuerzos de la terapia de pareja y mejorar la comunicación en general.

Naturalmente, también es posible actuar solamente desde la terapia de pareja y esperar a que se reestablezca la comunicación sexual; pero nuestra experiencia demuestra que es más efectivo intervenir simultáneamente en ambas áreas.

2. Disfunciones sexuales individuales que provocan problemas de pareja

Existe un número de problemas individuales de naturaleza sexual que pueden tener repercusiones en la vida de la pareja. Por ejemplo:

— Experiencias de abusos sexuales

— Disfunciones sexuales

— Indefinición en la orientación sexual

— Actitud conflictiva hacia la propia sexualidad y el propio cuerpo

— Desconocimiento del tema o incapacidad de hablar sobre sexualidad

— Etc.

La sexualidad humana es un área extremadamente susceptible y fácil de alterar: un único fracaso, una única mala experiencia o una actitud de desprecio provocan una gran inseguridad, que frecuentemente no es proporcional a la causa pero que suele desencadenar una conducta elusiva a largo plazo.

Al comienzo de la terapia se aclara si cada uno de los miembros de la pareja ya había sufrido con anterioridad los trastornos, es decir, independientemente de la pareja actual, o si el trastorno se presenta solamente con la pareja actual y en determinadas situaciones.

Ambos miembros de la pareja reciben asesoramiento (a menudo en sesiones individuales) para afrontar el problema. En caso de necesidad se recomienda combinar la terapia de pareja con una terapia sexual. En estos casos se trata principalmente temas de terapia sexual como fijaciones sexuales (perversiones) y disfunciones sexuales, que a causa de un tratamiento anterior fracasado o por falta de tratamiento conducen a conflictos y a la terapia de pareja.

La reestructuración cognitiva (la modificación del punto de vista) la derreflexión (el encauce de la atención hacia otro foco) y una gestión distendida pueden influir positivamente también sobre trastornos sexuales manifiestos. En muchos casos, ni la impotencia masculina ni su versión femenina constituyen una incapacidad en sí misma, sino que son el resultado de un esfuerzo compulsivo por cumplir con el papel de hombre o de mujer. Frecuentemente debe tratarse solamente la convicción de ser impotente.

Muchos de estos trastornos sexuales tienen su origen en exigencias, ansiedad anticipatoria, expectativas desmesuradas de «funcionamiento» constante, y también ideas equivocadas.

Una conducta neurótica o una actitud básica negativa y «reprimida» hacia la sexualidad en uno o ambos miembros de la pareja desemboca en restricciones en la capacidad para amar y en la construcción de la relación. También debe mencionarse aquellos casos en los que uno de los miembros de la pareja, o ambos, recurren a una comunicación defensiva para establecer límites frente al miedo de percibirse como inferiores, estar a merced del otro o perderse en la entrega al otro.

La Sra. A., casada hace un año y medio, acude a terapia con su esposo, pues el matrimonio «no puede ser consumado». La Sra. A. padece una vaginitis muy dolorosa que se manifiesta cada vez que su esposo se le acerca con intenciones sexuales. Su ginecólogo ha realizado ya dos operaciones vaginales que no han conducido a ningún tipo de mejora, aunque, de acuerdo con las declaraciones del médico, no habría ningún tipo de causa orgánica para las molestias.

Tras otro año de descorazonadores intentos, ambos miembros de la pareja se sienten fracasados, pues no pueden hacer «lo más normal del mundo». Ambos sienten afecto y comprensión el uno por el otro, pero las continuas frustraciones han provocado gran impaciencia por lograrlo de todos modos.

Esta presión ha llevado a la Sra. A. a la crispación total, a perder el deseo y a eludir toda situación íntima, lo cual a su vez ha desencadenado los reproches de su marido, que la acusa de no esforzarse lo suficiente. En general, la relación se presenta estable, por lo que se acuerda realizar una terapia individual con la Sra. A. y sesiones individuales esporádicas con su marido.

Pronto se manifiestan pequeños avances gracias a la autoestima fortalecida de la Sra. A., que reconoce cuánto ha influido en ella el ambiente devoto de su hogar paterno. Logra desenmascarar los sentimientos de culpa latentes hacia su madre (quien estaba decepcionada por su elección de pareja y por el hecho de que hubiera abandonado el hogar) y librarse de la obligación de llamarla cada día. También toma conciencia de que, en su trabajo, siempre estaba a disposición de otras personas, y de que también estaba siempre a disposición de su marido. Aprende a poner límites y, de este modo, su cuerpo deja de ser el último bastión en el que no deja penetrar a nadie. Medio año más tarde logra tener relaciones sexuales con su marido por primera vez.

Cuando —como en este caso— se trata un problema sexual individual que afecta a la relación, se recomienda una combinación de terapia individual, terapia de pareja y terapia sexual. Es condición para un encuadre flexible que exista un ambiente de consideración y confianza entre ambos miembros de la pareja y el terapeuta. Debe estar claro que el terapeuta trabaja por el interés de ambos, es decir, en favor de ambos integrantes de la pareja.

Para conseguir la mayor franqueza posible en la terapia, para ejercitar la expresión verbal de deseos íntimos y al mismo tiempo evitar herir al otro, se recomienda ajustar el encuadre a estos objetivos. La terapia de pareja puede realizarse en sesiones individuales, en un marco protegido. Especialmente en los casos de infidelidad puede evitarse así innecesarias humillaciones que afectarían al miembro de la pareja engañado. Las sesiones individuales también se recomiendan si el terapeuta nota que hay un secreto que bloquea el diálogo.

Separación

Las mejores perspectivas
se abren cuando nosotros,
que no tenemos perspectivas,
comenzamos a decirlo francamente.
El futuro no llega
porque se crea en él
o no se crea en él,
sino porque se lo prepara.
Los preparativos
no consisten en
dejar de mirar atrás,
sino en
reconocer
lo que se ve al mirar atrás
y con esa imagen en la mente
hacer algo diferente
a mirar atrás.

Mirando hacia atrás - Erich Fried

La separación, tema de prevención

Incluimos la separación como tema preventivo partiendo de nuestra observación de que el manejo de las pérdidas vividas es un aspecto esencial para la futura elección de pareja y la construcción de futuras relaciones. Por esa razón consideramos que la problemática de la separación es decisiva para el análisis de la relación, pues muchas personas sufren durante mucho tiempo a consecuencia de una separación y otras tantas no pueden separarse aunque deseen hacerlo.

Tanto una separación como un divorcio pueden ser percibidos como algo muy drástico y tener una repercusión negativa duradera, más que otro tipo de separaciones ya vividas y muchas veces causando infelicidad de por vida. El abandono de la casa paterna, la pérdida de amistades o la muerte de parientes cercanos no suelen tener consecuencias tan devastadoras, pues a menudo no se reflexiona sobre las mismas y por lo tanto estas no afectan la autoestima.

¿Qué hace falta para superar una separación de manera constructiva?

a. Reflexionar sobre la separación

— *¿Qué aspectos eran positivos y estaban intactos en la relación?*

— *¿Cuáles fueron exactamente las razones para la separación?*

— *¿He percibido la situación de manera realista?*

— *¿He hecho compromisos equivocados?*

— *¿He renunciado a mi plan de vida en favor de la relación?*

b. Suprimir los déficits

En este ámbito es necesario suprimir los déficits individuales relacionados con la capacidad de tener una relación: la propia inmadurez, valores difusos, infidelidad, negligencia, inestabilidad, dependencia, etc.

— *¿Ha habido otras razones más allá del amor para elegir la pareja?*
— *¿He examinado de manera realista mi elección de pareja?*
— *Mi pareja, ¿va conmigo?*
— *¿En qué medida soy responsable del fracaso de la relación?*

c. Aspirar a una buena separación

Las agresiones existentes no deben solidificarse o permanecer vigentes durante demasiado tiempo, y en caso de disolución de las estructuras familiares, debe aspirarse a que haya la menor cantidad posible de perjudicados.

— *¿Hay razones para aspirar a un buen acuerdo con mi ex pareja?*
— *¿Queremos seguir siendo una pareja de padres, o de abuelos?*

d. Reflexión sobre el plan de vida

Para que la separación no sea un ajuste superficial a la siguiente pareja, el plan de vida propio debe ser considerado o reconsiderado, examinado y reformulado en caso de ser necesario. Una actitud de lealtad hacia uno mismo es especialmente importante, pues aporta sostén en esos momentos difíciles.

— *¿Debo revisar básicamente mis elecciones de pareja?*
— *¿Me encuentro en una etapa diferente de mi vida, en la que otros valores han adquirido importancia, en la que las prioridades se han desplazado?*

Si la separación se ha hecho inevitable, es deseable que los miembros de la pareja estén preparados para realizarla de forma que ambos puedan recomenzar sus vidas tras ella. Una condición importante para recomenzar es superar de manera constructiva los sentimientos negativos asociados a la separación. Para poder iniciar nuevos vínculos sin sufrir secuelas psíquicas, debe digerirse las agresiones, humillaciones, heridas en la autoestima y miedos, y cada uno debe esforzarse por mantener una actitud abierta, de lucha contra las limitaciones causadas por los prejuicios que hayan podido surgir.

Aptitud para la separación

Muchas parejas permanecen unidas, aunque sus integrantes se obstaculicen mutuamente. Otras parejas se distancian aunque, internamente, no puedan dar el paso definitivo hacia la separación. En ambos casos, la falta de aptitud para la separación conduce a una disminución de la calidad de vida: la energía permanece vinculada a una persona a la que ya no se está vinculados a través del amor.

El acto formal del divorcio o de la separación no cierra necesariamente el proceso emocional que implica: tanto afectiva como mentalmente, muchos siguen ligados al pasado, sus sentimientos no son libres y no tienen la capacidad de entregarse a una nueva relación sentimental. La reducción de la calidad de vida se manifiesta en fenómenos psíquicos negativos como odio, sed de venganza, rencor u odio hacia uno mismo, que limitan considerablemente el disfrute de la existencia.

No consideramos aquí las numerosas conductas neuróticas que se manifiestan en el transcurso de los procesos de separación. Enfocamos solamente las dificultades habituales que se afrontan al separarse, cuando alguien constata que la lucha por la relación ha perdido su sentido y que distanciarse es la mejor opción para ambos.

La aptitud para la separación es parte de la aptitud para el duelo, y ambas están estrechamente vinculadas a la aptitud para la relación, que radica en una prestación de la persona: Es precisamente aquella que tiene miedo y asume la culpa quien es apta para la separación, pues puede soportar esos sentimientos y no obstante puede separarse.

Criterios de aptitud para la separación:
— Gestión del miedo
— Gestión de la culpa
— Gestión de las humillaciones (autoestima)

Otros criterios de aptitud para la separación son:
— Poder analizarse a sí mismo honestamente (cuestionarse a sí mismo y al mismo tiempo ser leal a sí mismo)
— Tener el valor de abordar los conflictos de manera activa
— Poseer autonomía (la certeza de poder seguir adelante solo)
— Haberse despojado de posturas «morales» hostiles (religión y mitos: «la separación es un pecado»)
— Ser capaz de perdonar (a sí mismo y a los demás) y así poder concluir una historia

Aquellos que no están en condiciones de despojarse de una relación infeliz constituyen un capítulo en sí mismos. Es un tema difícil, pues estas personas no suelen acudir a terapia y es frecuente que antepongan como pretexto motivos racionales (familia, patrimonio). Son relaciones muy insatisfactorias para todos los involucrados, que se mantienen durante años y a menudo causan enfermedades psicosomáticas, agresiones difusas o explícitas, resignación y por último una pérdida general de la alegría de vivir.

En cambio, si los miembros de una pareja deciden separarse, trabajar individualmente en la aptitud para la separación suele ser condición para continuar con la terapia de pareja, de modo de poder hallar soluciones de común acuerdo para otros aspectos del conflicto. Desde el punto de vista del diagnóstico se ponen de relieve, a partir de una serie de fenómenos individuales, aquellas barreras concretas que entorpecen la separación deseada y se encaminan pasos terapéuticos precisos en consecuencia.

Diagrama Aptitud para la separación

SABER LO QUE SE QUIERE	

SUPERAR EL MIEDO (FUTURO)	SUPERAR LA CULPA (PASADO)
Poder fracasar	
Poder estar solo	
Poder salir perdiendo	
Reorganización económica y social (mediación)	

SABER LO QUE SE VALE	

Saber lo que se quiere

¿Existe algún procedimiento que ayude a encaminar un proceso claro de toma de decisiones? Precisamente en las fases en las que se comienza a pensar vagamente en una separación o esta es inminente, se presentan muchos síntomas de crisis. Los pensamientos se hacen confusos y están velados por el miedo, los sentimientos se descontrolan y desordenan y son, a menudo, ambivalentes. La inseguridad en la comunicación lleva al desconcierto y este, a su vez, a una falta de claridad aún mayor. Las posibles consecuencias de la separación se reprimen o no se perciben de manera realista, se exageran o se subestiman, y un dramatismo innecesario las acompaña.

El siguiente procedimiento podría ser útil:

1. Identificar la situación

En esta etapa se debe tomar conciencia detallada de los pensamientos y sentimientos acerca de la relación. Se debe recordar y describir tanto la estructura de la relación hasta el momento como su estado actual. Debe recogerse los datos importantes en forma de protocolo; por ejemplo, cuándo comenzaron y cuándo aumentaron las peleas, cómo se deterioró la comunicación, cuándo aparecieron síntomas de crisis junto a una disminución de la ternura, y los momentos felices en la relación.

2. Registrar los valores

En esta etapa se plantea el interrogante acerca de la utilidad de la ayuda profesional: ¿Existe aún la posibilidad de salvar la relación? ¿Tiene sentido todavía conservar la relación?

— En la situación actual, ¿qué valor es especialmente importante para mí?

— Mi escala de valores, ¿ha cambiado?

— La escala de valores de mi pareja, ¿se ha modificado?

— ¿Encuentro todavía en el otro aquellos valores que fueron tan importantes para mí en el pasado?

3. Sopesar los valores para fundamentar la decisión

¿Cómo continuar en caso de separación?

Consecuencias de la separación:

— económicas

— sociales (pérdida de contactos, cambio de residencia)

— emocionales (pérdida de la pareja y eventualmente de los hijos)

En esta etapa ha de sentarse las bases para una separación lo más pacífica posible. El objetivo es no «romper platos» inútilmente.

4. Actuar

En esta etapa se prepara la difícil conversación con el otro sobre la separación.

— ¿Cómo y cuándo lo anuncio de la mejor manera, considerando la autoestima del afectado?

— ¿Qué reacciones puedo esperar? ¿Puedo prepararme para ello?

Una vez elaborados los primeros tres pasos, la intención de separación debe ser comunicada al otro con prudencia, pero también con toda claridad. Si se presentan argumentos contrarios y emociones vehementes, puede hacerse compromisos, aunque sin replantearse la decisión que ha sido cuidadosamente tomada.

En los siguientes pasos se elaborará, en lo posible conjuntamente, un panorama de la separación y del procedimiento que la acompañará, por ejemplo, la salida del hogar común, las conversaciones con los hijos, la separación o el divorcio. Los procesos psicológicos incluyen la superación del miedo y de la culpa, y la conservación de la autoestima.

Superación del miedo (enfoque del futuro)

Preguntas generales para superar el miedo:

— ¿Qué nuevas posibilidades se presentan a través de la separación?

— ¿Qué ventajas podría traer?

— ¿Qué tan probable es que esas ventajas se presenten?

— ¿Quién me apoya?

— ¿En quién puedo confiar durante esta situación tan difícil?

— ¿Cuáles son los ámbitos que no se verán afectados por la separación?

— ¿Recuerdo separaciones anteriores?

— ¿Cómo me sentí en aquellas ocasiones?

— ¿Cómo superé las separaciones anteriores?

Un temor que suele surgir en el transcurso de las separaciones está relacionado con la (supuesta) infracción de ciertas normas que nuestros padres, la sociedad y la religión nos han impuesto. Se debe examinar si uno se identifica con esas normas o si las vive como una imposición ajena.

Aptitudes que deben desarrollarse para contrarrestar el miedo:

Capacidad de fracasar

(Poder admitir que algo no ha salido bien)

Solo puedo fracasar

— si me permito a mí mismo fracasar,

— si estoy inmunizado y protegido contra las exigencias del entorno,

— si tengo la sensación de ser valioso a pesar de todo,

— si estoy dispuesto a enfrentar inseguridades,

— si tengo conciencia de que el fracaso me hará más sensato.

— *¿He fracasado ya alguna vez de manera consciente?*

— *¿Qué ventajas y desventajas me ha traído el fracaso?*

— *¿Cuáles han sido entonces las reacciones de mi entorno?*

— *¿Ha contribuido ese fracaso a mi desarrollo personal?*

Capacidad para estar solo

La separación puede significar que se deba renunciar por un tiempo, o quizá para siempre, a ciertas relaciones mantenidas hasta el momento, pues frecuentemente alberga el peligro de perder no solamente a la pareja, sino en muchos casos también a parte del círculo de amistades y conocidos. En estos casos, la aptitud para la separación significa saber que se puede enfrentar la vida solo y que se tiene la capacidad, y también la posibilidad, de iniciar nuevas relaciones en el futuro.

— *¿He vivido solo ya?*

— *¿Cómo me he sentido viviendo solo?*

— *¿Ha sido una carga o un periodo interesante?*

— *¿Ha contribuido a mi desarrollo (en el sentido de una buena relación conmigo mismo)?*

Saber perder

(Afecta sobre todo a aquellos que han sido abandonados)

A pesar del sentimiento de pérdida y el duelo, la autoestima no debe verse afectada. No se desea que la pérdida ocurra, pero se acepta. Se puede perder sin sentirse como un perdedor.

Poder organizarse social y económicamente

En este ámbito resulta imprescindible recurrir a la mediación.

La mediación es una vía pre- y extrajudicial de gestión de conflicto que se ocupa de las consecuencias personales y materiales de una separación.

Algunos asuntos típicos son la reglamentación de la división, distribución y utilización de la vivienda común hasta el momento (vivienda de propiedad, vivienda de alquiler, mobiliario y enseres del hogar), del patrimonio y de los derechos a rentas y seguros. Asimismo debe reglamentarse las futuras responsabilidades relativas a la crianza y el cuidado de los hijos, y la manutención del otro miembro de la pareja y de los hijos.

Superar la culpa

(Observación del pasado)

La separación hace culpable, pues al separarse se ignora preceptos morales y no se cumple con acuerdos establecidos. Debe reconocerse esta culpa y asumirse la responsabilidad.

Ayuda terapéutica para los sentimientos de culpa

— Los principios que he vulnerado, ¿son también mis principios?

— El sufrimiento del otro, ¿es solamente una ilusión mía, o existe realmente?

— ¿Puedo evaluar de manera realista los recursos del otro?

— ¿Soy el único culpable de la separación?

— Una reconciliación, ¿me ayudaría?

— En caso positivo, ¿estoy dispuesto a aspirar a una buena separación?

— ¿Estoy dispuesto a disculparme?

En el caso de presentarse sentimientos de culpa desproporcionados:

— *¿En qué situaciones suelo tener sentimientos de culpa?*

— *¿Cómo he gestionado mis sentimientos de culpa hasta el momento?*

Culpa existencial

Es igualmente necesario que se reconozca, además de la culpa moral, la culpa existencial: Si el hecho de no separarse no provocaría una culpa mucho mayor, es decir, quedar debiéndose a sí mismo algo esencial: no poder ser quien se podría o se debería ser.

Saber lo que se vale

Además de la asistencia terapéutica en el proceso de superación del miedo y de la culpa, es de esencial importancia la conservación de la autoestima, pues una autoestima estable ayuda a lograr una buena separación tanto al miembro de la pareja que abandona como a aquel que ha sido abandonado.

Para el miembro de la pareja que ha sido abandonado, un apuntalamiento de la autoestima encierra claramente mayor significado, pues todas las separaciones no voluntarias influyen en la identidad y causan modificaciones psíquicas. La pérdida de la autoestima provoca, según el temperamento del afectado, conductas agresivas o depresivas; ambas tienen un carácter destructivo y deben recibir tratamiento terapéutico para impedir que la crisis se haga crónica.

En muchos casos existe insatisfacción en ambos miembros de la pareja desde hace largo tiempo. A través de la humillación mutua, sin embargo, la propia insatisfacción queda relegada a un segundo plano. Con agresividad se lucha encarnizadamente por algo que nunca se quiso realmente mientras se lo tenía. La lucha por la pareja perdida es, del mismo modo que la resignación, un intento comprensible, aunque inadecuado, de rescatar la autoestima herida.

Desde el punto de vista terapéutico se trabaja para reestablecer el buen contacto consigo mismo:

¿Cuál es mi opinión sobre mi ex pareja?

— ¿Qué me parece su forma de separarse?

— ¿Ha sido justo/a conmigo, o no ha dado ninguna oportunidad a nuestra relación?

— ¿Quiero que vuelva? ¿Bajo qué condiciones?

— Nuestra relación, ¿era realmente tan buena como me parece ahora?

— ¿He sido yo el/la causante de la separación?

— ¿Qué cambiaría ahora si mi pareja regresara?

Cuando se toman posiciones, la seguridad en sí mismo, la determinación y la confianza en el futuro se restablecen, y debe instaurarse la sensación de que una vida sin esa pareja también es digna de ser vivida.

Relaciones triangulares

Como mencionábamos anteriormente, las infidelidades constituyen uno de los temas más difíciles en el marco del asesoramiento y la terapia de pareja. No existe una receta patentada para resolver este frecuente problema, por lo cual enfocaremos el tema primero en forma de **debate** general y luego de **análisis de la decisión** estrictamente objetivo.

Debate

Pregunta: *¿Qué se entiende por triángulo amoroso?*

Una relación paralela a la relación oficial, duradera y constante, en la que se ha contraído obligaciones o estas han surgido.

Algunas parejas viven constantemente en triángulos amorosos, pues necesitan ese «equilibrio» para estabilizar la relación. Estos triángulos estructurales siempre reflejan algún déficit en la vida de pareja.

Pregunta: *¿Cuál es la diferencia entre un triángulo amoroso y una infidelidad?*

En principio, las infidelidades tienen una motivación puramente sexual. La clásica infidelidad es la aventura de una noche, una relación que no reclama continuación. Esta no tiene origen necesariamente en un déficit de la relación; quizá ocurra por fanfarronería o curiosidad; quizá se busque autoconfirmación o exista algún problema personal.

Los motivos para cometer una infidelidad son individuales y muy diferentes entre sí, y es aconsejable que cada persona que haya engañado a su pareja reflexione sobre su motivación para hacerlo antes de viciar la relación innecesariamente.

Pregunta: *¿Existen buenas soluciones para resolver el conflicto de un triángulo amoroso?*

En teoría, sí; en la práctica, son casi inexistentes. En un principio dominan el caos, el miedo y los sentimientos de culpa, acompañados de inseguridad y tendencias a la ruptura. Existe el peligro de que el conflicto produzca tres perdedores. El objetivo terapéutico sería obtener por lo menos dos ganadores y a largo plazo incluso tres ganadores.

Pregunta: *¿Qué significa que solo haya perdedores?*

El miembro de la pareja engañado sufre daños en su autoestima, el «autor del delito» padece sentimientos de culpa y de miedo a ser descubierto, a verse obligado a decidir o a no ser capaz de hacerlo, y el tercer involucrado (el o la amante) es víctima de las limitaciones de su papel pasivo.

Pregunta: *La franqueza, ¿ayudaría a resolver mejor el conflicto?*

En el caso de que se trate de algo más que un «desliz» único y la relación oficial pueda verse revolucionada, el otro miembro de la pareja debería ser informado. La franqueza suele desencadenar una dinámica propicia para la vida de la pareja, pero frecuentemente falta la voluntad de análisis y no todos se sienten capaces de afrontar el conflicto y el riesgo de una separación.

Pregunta: *¿Cómo puede ayudar un asesor de pareja en el caso de un triángulo amoroso?*

El asesor puede ayudar en la toma de decisiones. Las personas involucradas se encuentran bajo una gran presión para tomar decisiones, pero por diversos motivos no están en condiciones de hacerlo. Esa presión conduce al miedo y desencadena gran estrés, en ocasiones conductas erróneas y a menudo trastornos psicosomáticos.

Pregunta: *¿Qué aconseja hacer a las personas afectadas?*

No existe un consejo que pueda aplicarse a todos los casos, pues cada decisión debe ser tomada de manera individual, pero sí puede afirmarse que una decisión que se toma sin convicción puede ser problemática.

Pregunta: *Esta problemática afecta solamente al fenómeno de la separación...*

Se trata básicamente del miedo a la separación.

Existe un conjunto de miedos reales e irreales que surgen frente a la perspectiva de la separación y que deben ser tratados en el marco de la psicoterapia y el asesoramiento.

Pregunta: *¿De qué miedos se trata?*

Principalmente se trata del miedo a la pérdida de la seguridad, a las reacciones de la sociedad y a un empeoramiento de la situación económica.

Pregunta: *¿Existe una terapia específica contra el miedo?*

Por supuesto. En primer lugar, se analiza la realidad, pues el miedo la deforma. Este paso hacia lo concreto produce alivio. Se evocan recuerdos de separaciones anteriores y su superación. Es útil hablar con personas que ya han vivido una separación. Es de especial importancia relativizar el mito de que una separación siempre conduce a empeorar la situación vital.

Si existe una aptitud para las relaciones y el amor, siempre pueden establecerse nuevas relaciones felices, aunque las condiciones cambien. Se debe neutralizar la connotación negativa del concepto «separación»: la separación no debe ser necesariamente el acontecimiento más dramático y singular de la vida, pues una separación puede traer consigo también muchas ventajas.

Pregunta: *Pero la separación está relacionada con el fracaso...*

Sí, pero el fracaso está relacionado también con el aprendizaje y el desarrollo, es decir, con la exploración de los límites de la propia conducta, es decir, ser honestos cuando no se alcanzan los objetivos establecidos y valientes para orientarse hacia nuevas posibilidades. Se dice que el fracaso hace más sensatas a las personas.

Pregunta: *De acuerdo con sus afirmaciones podría llegarse a la conclusión de que los miembros de la pareja no tienen obligaciones mutuas.*

La obligación principal es el amor, por el que se debe luchar. Todos los demás vínculos pueden deshacerse. No se trata de un comportamiento irresponsable, sino por el contrario: el amor lleva a las mayores responsabilidades, pues son elegidas voluntariamente.

Pregunta: *Esto puede comprenderse cuando se trata solo de una pareja. ¿Qué pasa con las obligaciones hacia los hijos?*

Las obligaciones de los padres no cesan de ninguna manera con la separación de la pareja. Aunque exista una separación espacial, el vínculo emocional entre el padre —que suele ser quien deja el hogar— y los niños frecuentemente se profundiza y el tiempo de calidad que pasan juntos aumenta.

Las parejas que están de acuerdo en seguir siendo buenos padres para sus hijos y desean mantener a sus hijos alejados de los conflictos los dañan mucho menos que aquellos que no cesan de reñir.

Muchos clientes relatan cómo celebraron la separación de sus padres, pues con esta llegó la tranquilidad. Es un mito que todos los hijos de parejas separadas sean infelices; existe por lo menos una cantidad idéntica de hijos que son infelices porque viven o han vivido la infelicidad de padres que han permanecido juntos.

Pregunta: *¿Cuándo llega el momento de separarse?*

Existen algunas señales que indican que la estructura de una relación está en peligro: en primer lugar, si la comunicación se interrumpe por discrepancias en las escalas de valores de la pareja, lo cual conduce a conflictos constantes. En segundo lugar, si uno de los integrantes de la pareja, o ambos, sienten que la relación limita sus posibilidades de desarrollo y se estanca, algo que se manifiesta en la percepción de la vida en solitario como más productiva que la vida en pareja. En tercer lugar, tenemos la problemática de la autoestima: Si no se da un aumento de la autoestima a través del otro miembro de la pareja o si se han impuesto mecanismos de devaluación.

Pregunta: *Quisiera volver al tema de los triángulos amorosos. Hemos hablado mucho de los «autores del crimen». ¿Existe algún tipo de apoyo para las parejas de estos?*

Naturalmente. Para el miembro de la pareja que ha sido engañado es importante trabajar en la humillación que se le ha causado a través de la deslealtad. También se trata de la lealtad hacia uno mismo, de hasta qué punto se está dispuesto a tolerar lesiones de la autoestima. Siempre es una terapia de la autoestima. También el amante o la amante se encuentran en una situación incómoda y deben tomar decisiones personales. Algunos amantes esperan durante años, décadas, exigen el divorcio, presionan, extorsionan, se resignan o se sienten impotentes durante largos periodos de tiempo pues no pueden intervenir en el proceso.

Pregunta: *¿Cómo continuaría?*

Dado que todos los involucrados deben tomar decisiones importantes, hemos desarrollado algunos instrumentos para fomentar la toma de decisiones. Esbozamos un posible modelo de actuación frente a una crisis de la relación.

Modelo de un análisis de decisiones

Es preciso aclarar que este modelo no está pensado para aquellos triángulos amorosos que son vividos de manera explícita o tácita y cuya existencia contribuye a estabilizar la vida de pareja. En esos casos, la disolución del triángulo causaría problemas a sus integrantes.

Nos referimos a aquellas relaciones que requieren una solución pues uno de los integrantes del triángulo amoroso desea cambiar la situación de manera estructural, puesto que la segunda relación ha adquirido un carácter vinculante y esto requiere que se tome una decisión, pero el afectado no está en condiciones de dar los pasos necesarios. Por lo general reinan el caos, el miedo y los sentimientos de culpa, y el peligro de que el conflicto solamente produzca perdedores es grande.

Además de una intervención aguda en la crisis, es primordial estimular el proceso de decisión y, eventualmente, acompañar el proceso de separación que resulte:

El Sr. W., casado y con dos hijos, se enamora de una compañera de trabajo y hace todo lo posible para profundizar esa relación. Se presenta con ella públicamente y la describe como la mujer de sus sueños. No hace ningún tipo de esfuerzo para mantener la relación en secreto y su esposa comienza pronto a recelar, aunque no exterioriza sus sospechas. Desde el comienzo, el Sr. W. asegura a su querida, quien ha expresado tener un gran deseo de formar una familia, que él no quiere una amante, sino una pareja. La velocidad con la que impulsa su nueva relación y la aparente seriedad de sus promesas hacen suponer a la amante que él pronto se divorciará y fundará una familia con ella. El Sr. W. refuerza sus intenciones con viajes y el alquiler de una vivienda común.

A consecuencia de sus trastornos psicosomáticos, el Sr. W. comienza una psicoterapia. Afirma que la decisión entre ambas mujeres no representa problema alguno para él, pues sabe perfectamente que la amante encaja mejor con él, pero no puede hacer eso a sus hijos, que sufrirían las consecuencias del divorcio. Constantemente le visitan imágenes de sus hijos abandonados. El objetivo de su terapia es encontrar una solución.

A continuación describimos paso a paso el proceso del Sr. W. hasta su toma de decisión.

Análisis de la situación

Para llegar a tomar una decisión objetiva, se comienza analizando la situación presente. En esta etapa que tiene como meta esclarecer, ordenar y calmar, debe evitarse que se tome decisiones de manera exclusivamente emocional, demasiado apresurada o negligente.

Los siguientes datos son imprescindibles para la toma de una decisión:

¿Es realmente necesario modificar la situación actual?

En el caso del Sr. W., sí lo es, puesto que

— las peleas tanto con su esposa como con su amante se incrementan,

— el Sr. W. teme que ambas mujeres lo abandonen,

— la tensión de la situación ha provocado al Sr. W. una enfermedad psicosomática de la piel.

¿Qué pasaría si esa modificación no tuviera lugar?

El Sr. W. teme que su amante lo abandone si continúa como hasta el momento. Además, la tensión que resulta de la doble vida lo desconcentra y lo lleva a cometer errores en su vida profesional. Las dificultades con un superior hacen que su puesto de trabajo ya no sea un lugar seguro.

La situación actual y la modificación a la que se aspira, ¿representan las ideas y objetivos imprescindibles y deseables de una relación para el interesado? El Sr. W. tiene dificultades para definir sus objetivos imprescindibles y deseables, y para evaluar los datos disponibles. Su dificultad consiste sobre todo en formular sus valores independientemente de la situación concreta. Finalmente pueden ser establecidos los siguientes objetivos:

Objetivos imprescindibles para el Sr. W.:

— Confiabilidad de la pareja

— La pareja debe ser una buena madre

Objetivos deseables para el Sr. W.:

— Apoyo mutuo y mejora de la autoestima en la pareja

— Valores similares (intereses, estilo de vida)

— Armonía sexual

En la evaluación de los objetivos imprescindibles no puede establecerse una diferencia decisiva entre la esposa y la amante; en lo que a los objetivos deseables respecta, estos se corresponden mejor con la amante. De este modo se ratifica su intención original, pero tanto él como los terapeutas albergan dudas, dado que hasta el momento el Sr. W. no ha sido capaz de poner en práctica su decisión. Por esa razón es necesario revisar las posibles consecuencias de la decisión.

El análisis de las consecuencias arroja como resultado que el Sr. W. alberga miedos justificados en relación a la disolución de la familia. La posible pérdida de la familia es evidentemente la barrera que le impide poner en práctica la decisión tomada. Ahora debe reunirse todos los datos necesarios para evaluar si la temida pérdida de amor por parte de los hijos o la disolución de la familia ocurrirían realmente:

— *En caso de divorcio, ¿su esposa tendría una influencia positiva en los niños?*

— *¿Se comportaría de manera neutra?*

— *¿Influiría de manera inconveniente (contra el padre) frente a los niños?*

— ¿Cómo evalúa el Sr. W. la relación con sus hijos?

— ¿Se puede hablar de la separación con los hijos?

— El Sr. W., ¿tiene la sensación de que sus hijos lo respaldarían?

Para reunir estos datos, el Sr. W. está obligado a enfrentar la situación: por un lado tendrá que hablar con su esposa y por el otro deberá encargarse de construir una relación sólida con sus hijos que pueda mantenerse aun después de un eventual divorcio.

Durante las sesiones de terapia se revela que no tiene prácticamente ninguna relación con sus hijos y que no sabe qué hacer con niños pequeños. Cuando regresa a casa está agobiado por el trabajo y no quiere ser molestado. Su miedo de perder a sus hijos es justificado, dado que no existe un vínculo digno de mencionarse y por lo tanto no hay relaciones consolidadas. En esta etapa se examina si el Sr. W. está efectivamente interesado en una relación real con sus hijos.

Teóricamente existen dos posibilidades en el proceso de decisión:

1. Si los miedos existentes se reducen a través de las conversaciones con su esposa y el establecimiento de un vínculo con sus hijos, puede ponerse en práctica la intención original (decidirse por la amante).

2. Si esta etapa de la terapia arroja que es necesario abandonar la decisión original, debe trabajarse en los miedos que acompañan a la decisión en favor de la esposa:

— El Sr. W., ¿puede vivir con la idea de no haber aprovechado una posibilidad interesante?

— *Esa decisión, ¿influirá en su vida a largo plazo?*

— *¿Logrará el Sr. W. reactivar su relación de amor con su esposa?*

El Sr. W. encuentra el valor para comunicar a su esposa su decisión de separarse de ella y de dedicarse más a los niños, para transmitir a estos continuidad a pesar del inminente divorcio.

La Sra. W. había tenido siempre la esperanza de que se tratara de una aventura y el hecho de que ahora él quiera dejarla la aflige mucho. Le pide que intenten volver a estar juntos, no porque ella no quiera perderlo, sino sobre todo por la familia. El Sr. W. solicita un período de reflexión. Solicita a su amante comprensión pues quiere volver a intentarlo con su familia, ya que no puede marcharse así como así. Su amante lo acepta, pues nota que él está aún muy unido a su familia, aunque siempre haya afirmado lo contrario.

El Sr. W. intensifica la relación con sus hijos, habla por teléfono con ellos durante el día, los fines de semana emprende con ellos muchas actividades y por primera vez conoce las necesidades de sus hijos.

Gracias a ello encuentra nuevamente temas en común con su esposa y la situación se distiende. También los niños le piden que no se vaya y él comprende cuánto lo quieren. Empieza a sentirse mejor consigo mismo y con su familia.

En la terapia toma conciencia de que nunca había tenido una verdadera relación con su familia y que ahora, por primera vez, siente lo importante y valiosa que es para él. En su momento quiso que su esposa realizara su deseo de tener hijos y ahora quisiera que su amante también realizara ese deseo. Sin embargo, ya ha fundado una familia y volver a hacerlo le parece excesivo.

Afrontar y analizar su relación con su esposa y sus hijos de manera concreta, algo que en un principio se planteó para que superara su miedo, lo conduce a una toma de contacto con sus propios valores: en un comienzo, tener familia había sido una declaración con la boca pequeña, pero ahora percibe el valor que esto tiene en su vida. El Sr. W. decide permanecer junto a su familia y esforzarse por tener una buena relación con su mujer.

El miedo a la pérdida de la amante se relativiza cuando comprende que no quiere fundar otra familia y que, de este modo, está obstaculizando el plan de vida de su amante. Además, los sentimientos que tiene hacia su amante le parecen fruto de un enamoramiento más que de un verdadero amor. Con dolor, pero totalmente decidido, logra separarse de su amante.

En todos los grandes cambios vitales que pueden afectar la vida de otras personas debe constatarse a través de un análisis exhaustivo que se trata de una decisión fundada en sí misma, que pueda mantenerse a lo largo del tiempo. En todos esos casos hace falta buenas razones, tanto para retomar la relación ya existente como para superar la difícil etapa de la separación. En el caso del Sr. W. todo desembocó en una reelección de su esposa, algo que permitió a ambos continuar la relación con dignidad.

Crisis de separación específicas - Nuevas relaciones

En el contexto de la problemática de los triángulos amorosos deseamos señalar dos ámbitos de aplicación del asesoramiento a la pareja que hasta el momento han sido poco tratados tanto en la praxis como en la literatura psicoterapéuticas.

A. Casos en los que a través de una relación extraconyugal se presenta una situación que requiere una decisión que, antes —por las razones que fuera— no había podido ser tomada.

En el transcurso de los procesos de separación suele presentarse reacciones precipitadas de huida de la relación de pareja conflictiva, una conducta comprensible que, sin embargo, tiene como consecuencia que importantes elementos de la nueva relación no sean percibidos. De este modo, la crisis de la «antigua» pareja se transforma rápidamente en la crisis de la «nueva» pareja, o, pasado algún tiempo, se revela que la nueva relación ha sido una elección inadecuada.

El asesoramiento a la pareja ayuda en el análisis de los valores y de las razones del fracaso de la antigua relación. También favorece el análisis de la planificación de vida futura y de la construcción de la nueva relación.

Deseamos señalar que la terapia de pareja se enfoca habitualmente en la pareja que se está separando, mientras que la «nueva» pareja no recibe apoyo profesional durante su formación y la construcción de la relación.

B. Casos en los que existe la intención de separarse y esta ha sido anunciada, pero el otro miembro de la pareja impide que se llegue a una solución de común acuerdo.

En nuestra praxis nos encontramos muy a menudo con estos casos en los que la crisis de la separación se agrava cuando un miembro de la pareja se opone encarnizadamente a las intenciones de separación del otro. Ilustramos este caso con un ejemplo:

El Sr. K., un técnico de 51 años, casado desde hace ocho años y padre de una niña de cinco, se enamora de una compañera de trabajo de 45 años de edad. El enamoramiento abre paso al amor, se comienza a pensar vagamente en un futuro común y el Sr. K. decide divorciarse. Su matrimonio ya se había terminado dos años antes de que conociera a su compañera de trabajo y se había mantenido solo gracias a la hija en común. La vida cotidiana se caracterizaba por constantes disputas y desplantes. El Sr. K. comunica a su esposa que se marchará y que desea comenzar una nueva vida. Al mismo tiempo le pide un divorcio de común acuerdo con ayuda de un mediador. Su mujer rechaza ambas propuestas, comienza a luchar por él y lo presiona moralmente con su responsabilidad hacia la familia. Él se marcha de todos modos. Su mujer comienza a llamarlo en medio de la noche, amenazando con hacerse daño y hacerle daño a la niña.

En esta etapa, el Sr. K. se dirige a nosotros, pues está muy preocupado por su mujer y sobre todo por su hija. Necesita orientación para gestionar esta situación de la mejor manera. Por un momento piensa en regresar a su casa, pero pronto comprende que nadie saldría ganando si lo hiciera. Cuando su mujer nota que está realmente decidido, incrementa sus ataques, lo acusa falsamente de haberla agredido físicamente, lo denuncia ante la policía y le prohíbe ver a la hija.

Ya durante la segunda sesión el Sr. K. refiere que también han surgido problemas con su nueva pareja, pues la crisis de la separación de la anterior está poniendo a prueba la nueva relación. Él mismo está extremadamente agobiado, no puede desconectarse, no puede dormir, no puede concentrarse y las conversaciones con su nueva pareja tratan solamente de los conflictos jurídicos. El acoso de la antigua pareja afecta a la nueva relación y también en el marco de esta han surgido conflictos, de modo que resulta muy difícil pensar en un nuevo comienzo. El Sr. K. teme que toda su vida se arruine.

En ese momento, la nueva pareja es involucrada en las sesiones de terapia. Ambos declaran que su principal objetivo para este asesoramiento específico es el deseo de que la nueva relación no se vea afectada por la crisis.

Para la gestión conjunta de la crisis en el marco de las sesiones se establece como prioridad el tratamiento de los siguientes temas, para que la nueva relación repose sobre cimientos sólidos:

1. Expresar con claridad la decisión del uno por el otro

En épocas de caos y crisis es importante contar con un apoyo confiable y poder transmitir seguridad y certeza al otro: «Te quiero y estoy de tu parte, pase lo que pase».

2. Intensificar el diálogo

Un intercambio recíproco de sentimientos y pensamientos debería llevarse a cabo con gran cuidado y franqueza. En estas etapas se multiplican las sensaciones de impotencia, inseguridad y culpa. Las épocas de crisis son épocas de malentendidos. Por esa razón, la pareja siempre debe ser involucrada, debe participar en los problemas y urgencias, pero sobre todo debe estar al tanto del desarrollo, de las reflexiones y las actitudes del otro para poder comprender mejor sus acciones.

3. Apoyo equilibrado para llegar a una buena solución general

La nueva pareja no debe ni involucrarse excesivamente en el conflicto matrimonial ni tampoco abstenerse totalmente de hacerlo. Una actitud lo más objetiva posible es muy beneficiosa para estos casos. El hecho de que la nueva pareja asuma un punto de vista neutro y no contribuya a empeorar el conflicto produce alivio.

4. Vivir el amor

La experiencia demuestra que los problemas del integrante de la pareja que se está separando requieren mucho tiempo y energía. Por esa razón, la relación amorosa debe ser protegida y las preocupaciones cotidianas apartadas consecuentemente. Debe en cambio cultivarse todo aquello que unió a la pareja en sus comienzos, el mundo erótico y sensual, los intereses y valores comunes, todo aquello que alimente el amor.

5. Integrar el pasado y diseñar el futuro

¿Qué queda a corto, mediano o largo plazo de las cargas y obligaciones del pasado? ¿En qué medida y de qué manera influirán en la vida futura? ¿Qué «mochila» tendrá que cargar conjuntamente la pareja? ¿Qué conflictos resultarán de esto? ¿Qué nuevas perspectivas y visiones podrán desarrollarse conjuntamente?

El asesoramiento de pareja contribuyó a que los desbordantes enfrentamientos jurídicos se redujeran: de acuerdo con su nueva pareja, el Sr. K. concedió a su esposa una manutención mayor a la que estipula la ley para los siguientes años y además le regaló su parte de la casa de propiedad común. A pesar de que el matrimonio ya estaba destrozado antes de que el Sr. K. comenzara su nueva relación, él asumió toda la culpa. En el marco de esta solución, la Sra. K. admitió un régimen de visitas generoso. Esto fue posible gracias a que la «nueva» pareja ganó solidaridad y fuerza durante las sesiones conjuntas de asesoramiento. La identidad de la pareja y la confianza en un futuro común se estabilizaron. El sostén de la nueva relación y la alegría frente a los tiempos que vendrían hicieron que el Sr. K. abandonara algunos de sus puntos de vista algo anquilosados y también pudiera aceptar un deterioro de sus condiciones financieras.

El amor, nuevamente

Hemos escrito un libro sobre las relaciones de pareja y las diversas posibilidades de vivir el amor. El amor tiene muchas facetas y cada persona lo define, lo vive y lo percibe de una manera diferente. Definir el fenómeno del amor es imposible, es algo que escapa a la voluntad humana. Pero aquello que sí está en nuestro poder es decidir vivir la vida plenamente.

En todas las etapas de la relación de pareja puede elegirse libremente: para empezar, si queremos tener pareja, luego, qué pareja queremos tener, cómo queremos construir nuestra relación y finalmente también podemos decidir terminar todas las relaciones.

Se puede vivir de manera indecisa o decidida, es solo una cuestión de elección, igual que siempre puede elegirse el amor, en el sentido de una actitud amorosa.

Al principio del libro recurrimos a Khalil Gibran para aproximarnos de manera poética al tema del amor. Deseamos concluir nuestro libro con las palabras del poeta y escritor portugués Fernando Pessoa:

De todo quedaron tres cosas:

la certeza de que estamos comenzando,

la certeza de que es preciso continuar

y la certeza de que podemos ser interrumpidos

antes de terminar.

Hagamos de la interrupción un nuevo camino,

de la caída, un paso de danza,

del miedo, una escalera,

del sueño, un puente,

de la búsqueda, un encuentro.

Bibliografía sugerida

Beck, Ulrich/Beck-Gernsheim, Elisabeth:
Das ganz normale Chaos der Liebe. Editorial Suhrkamp, 1990
El normal caos del amor - Las nuevas formas de la relación amorosa. Editorial Paidós, 2012

Comte-Sponville, André:
Ermutigung zum unzeitgemäßen Leben. Editorial Rowohlt, 1998
Pequeño tratado de las grandes virtudes. Espasa-Calpe, Madrid 1996

Frankl, Viktor E.:
Der Wille zum Sinn. Ausgewählte Vorträge über Logotherapie. Editorial Huber, 1982
La voluntad de sentido, conferencias escogidas sobre logoterapia. Editorial Herder, 2009
Ärztliche Seelsorge (El médico y el alma) Editorial Fischer, 1987
Der leidende Mensch. Editorial Piper, 1990
El hombre doliente: fundamentos antropológicos de la psicoterapia. Editorial Herder, 2003

Fromm, Erich: *Die Kunst des Liebens.* Editorial DVA, 1980
El arte de amar. Ediciones Paidós Ibérica, 1996

Gambaroff, Marina: *Utopie der Treue (La utopía de la fidelidad)*
Editorial Rowohlt, 1985

Gibran, Khalil: Der Prophet. Walter Verlag, 1973
El profeta, Gibran Jalil, Edimat libros, 1999

Jaspers, Karl:
Was ist der Mensch? Philosophisches Denken für Alle (¿Qué es el hombre? Filosofía para todos) Editorial Piper

Längle, Alfried: *Wege zum Sinn.* Editorial Piper, 1985
Entscheidung zum Sein. Editorial Piper, 1988
Vivir con sentido. Aplicación práctica de la logoterapia. Editorial Lumen, 2008

Schenk, Holger: *Geheimnis, Illusion und Lust (Secreto, ilusión y deseo*). Editorial Rowohlt, 1995

Schorsch, Eberhard: *Sexualität und Gewalt (Sexualidad y violencia*). En: Wulf, Christoph (editor): Lust und Liebe (Deseo y amor). Editorial Piper, 1985

Wyss, Dieter: *Lieben als Lernprozess (Amar, un proceso de aprendizaje*). Editorial V&R, 1988